会社は誰のものか

経済事件から考える
コーポレート・ガバナンス

加藤裕則
KATO HIRONORI

CORPORATE GOVERNANCE
AND SCANDALS

フィギュール彩II
❷
figure Sai

彩流社

はじめに

2019年3月22日金曜日の午後、大阪・堂島のレストランで、一人の経済評論家を偲ぶ会があった。奥村宏さん。2017年の8月、自宅近くの病院で亡くなった。87歳。老衰だった。

経済研究所の研究員、大学教授の立場から、その生涯を企業と株式市場の研究に費やした。1966年、三菱や住友といった財閥に関する本を書いて以来、数え切れないくらいの本を世に送り出してきた。2015年、85歳のときにも、『資本主義という病』（東洋経済新報社）を書き上げるなど、半世紀もの間、執筆活動を続けた。

若いころ大阪で産経新聞の記者をしていた。旺盛な問題意識や批判精神はまさしく戦後の民主主義を体現していた。最後まで新聞記者であり、ジャーナリストだったと思う。

偲ぶ会への参加者は20人ほど。その功績からすれば決して多くはない。それも1年半後の開催。やっぱり集まりたいね、と大学教員時代の仲間が企画した。酒を酌み交わしながらのざっくばらんな会で、小さく形式的ではないところが、ジャーナリストらしくてうれしかった。レストランでは、株の持ち合い構造について解説したNHK番組の録画も映し出され、友人らから「あちこち飛び回って情報を集めるのが得意だった」などと思い出話が続いた。

奥村さんは1970年代から「法人資本主義」という言葉を使い、「会社の位が人間のくらいになっている」と会社に依存した日本社会、日本人に警鐘を鳴らした。会社が人の思想を支配するような風潮を「会社本位主義」と呼んだ。私は経済部の記者として、奥村さんの本を手に取り、刺激を受けた。

２０１０年６月中旬、奥村さんの自宅を訪ね、応接間のソファで話を聞いた。

「会計学や経営学では会社のことは分からない。会社はたくさんの国民が、それも長い間かかわる場所で、もっともっと研究しなければ」と聞かされた。自らの研究テーマを「会社学」と定義し、もらった名刺にも「会社学研究家」とあった。

当時の私のノートを見ると、奥村さんに企業の政治献金について取材している。企業の政治献金を合法とした最高裁の判決（八幡製鉄事件）を批判し、「資金力のある企業が政治に金を出せば、企業寄りの政治が行われる」と繰り返していた。そのうえで生身の人間を中心においた会社の必要性を訴えた。

奥村さんが提唱したことの一つに、株の持ち合いの解消がある。日本特有の慣行で、複数の会社が株式を一定の割合で持ち合い、株主総会では互いの議案に無条件で賛成票を投じる。これは株主総会の緊張感を失わせる行為でなれあいの経営につながるとみて、解消を強く叫んだ。最近になって金融庁が持ち合い解消に動きだし、企業もならうようになった。時代が奥村さんを追いかけているのかもしれない。

元新聞記者なだけにマスコミにも厳しかった。独自の視点を持った経済報道が少ないことを危惧し、記者クラブに安住する姿勢を戒めた。私に、「新聞記者は会社を辞めて全員が独立すべきだ。記事を会社に買ってもらえばいい。そうすれば真剣になる」と真顔で言った。

私は２０１１年に大阪から東京勤務になった。その年の夏に、オリンパスの損失隠し事件が発覚した。実力派の会長が辞任に追い込まれ、逮捕された。その過程で問題を追及した英国人社長のマイケル・ウッドフォード氏が解任され、日本の企業社会の抱える隠蔽性や同質性までとりざたされた。会社が不正を認めた後、ウッドフォード氏は社長に復帰しようとしたが、メガバンクや会社幹部らに拒まれ、帰国した。私は、日本の企業社会は、勇気ある告発者ともいえる彼に決して好意的でなかったと感じた。これでいいのだろうか、と思い続けた。

そのオリンパス事件が社会から忘れ去られようとしていた２０１５年、東芝の不正会計が起きた。監査法人や証券市場も問われた。

東芝が再建の道筋をつけた２０１８年秋、日産自動車のカルロス・ゴーン会長が逮捕され、日産のコーポレート・ガバナンスの脆弱性が指摘された。私の旧知の大学教授は「オリンパスや東芝の不祥事の反省がまったくみられない。信じられない」と言っていた。日本を代表するモノづくりの会社で品質や検査をめぐる不正も相次いだ。２０１９年には、かんぽ生命保険で不適切な販売方法が問題となった。同年秋には、関西電力の役員らが原発絡みで、多額の金品を受け取っていたことが明らかになった。

不祥事企業を取材していつも思うのは、これは奥村さんが指摘した「会社本位主義」の行き着く先ではないか、ということだ。奥村さんからは「会社は寝なくていい。食べなくてもいい。人間とは違う。それが法人としてまるで人格を持ったように行動する。何をしでかすか分からない存在だ」と何度も聞かされた。不祥事を起こす株式会社を、旧約聖書に登場して国家と国民の関係を位置づけたトマス・ホッブズもその著書の題名にした怪獣（巨人）のリヴァイアサンやビヒモスにたとえながら、「この怪獣の正体を明らかにし、それが人類に何をもたらすかを解明することが求められている」と著書に記した。奥村さんが言うように、会社には良心や正義感はない。人間が良心や制度を使って会社という組織をコントロールしなければいけないと思う。「怪獣」を制御し、社会のために使う仕組みや知恵がコーポレート・ガバナンス（企業統治）だと思っている。

金融庁はコーポレート・ガバナンスについて「会社が、株主をはじめ顧客・従業員・地域社会等の立場を踏まえた上で、透明・公正かつ迅速・果断な意思決定を行うための仕組み」と定義する。よく練られ、納得感のある文章だ。忘れていけないのは、会社はあくまで人間の集まりであって、会社自体が意思を持つことはないことだ。意思を持つのは人間だ。様々な不祥事を見ていると、経営者らから「会社のためだった」「自分は知らなかった」との弁解をよく聞く。怪獣を制御できず、逆に怪獣に支配されている姿に映る。自分自身も怪獣になったのかもしれない。

当たり前だが、会社は経営者のものではない。もちろん従業員のものでもない。では株主のものかというと、それも、すぐにうなずく人は少ないと思う。株主総会で投票権を持つのは株主だ。そういう意味では、会社は株主のものという言い方は成立するが、決算期末の一瞬だけ株を持っている人が所有者と言われても違和感がある。経営者はもとより、一人の社員だって業務のことで損害賠償を求められることもある。株を売れば、それ以上の責任を追及されることがない人が所有者といわれても、誰も納得しないだろう。

そのうえで私は、株式を公開しているのであれば、会社は株主のものだという考えも成り立つと思っている。ただ、それは、その時点での株主という意味ではない。上場企業の場合、基本的に誰もが株主になることができる。数十万円出せば、私も、あなたもだ。そういう意味では、株主とは市民であり、国民でもある。株主への情報開示というのは、社会に対して公表することと同じ意味だ。突き詰めれば、会社は社会のものなのかもしれない。実際に、私たちが払った生命保険金や、年金の積立金の相当額はいろいろな会社の株に回っている。銀行融資も、私たちの貯金があってこそのものだ。会社の資本のかなりの額は、私たちが拠出したお金なのだ。

本書では、オリンパス、東芝、日産自動車、関西電力、品質・検査不正問題にそれぞれ章を立てた。関連するコーポレート・ガバナンスの動きも紹介している。第6章では、1万円札に採用されることになった渋沢栄一に光を当て、日本型経営の利点に目を向けた。第7章では、コーポレート・ガバナンスの最近の話題や課題をピックアップした。取材し切れなかった点もある。理解が足りない面もあるかと思う。それでも、この十数年間で私が見聞きしたコーポレート・ガバナンスの現場をみなさんと共有したい。

目次◉『会社は誰のものか――経済事件から考えるコーポレート・ガバナンス』

第7章　コーポレート・ガバナンス最前線　172

※本文中、肩書きや団体名は当時のものを使った。

第1章　終わらぬオリンパス事件

ウッドフォード氏の解任訴訟

「良心に従い、真実を述べ……」との声が法廷に響いた。

２０１６年10月20日午後、東京・霞ケ関。裁判所の建物の入り口にある金属探知機をくぐって、1階の法廷をめざした。扉を開けて傍聴席に入った。法壇に向かって左手には、原告であるオリンパスと株主の弁護士、右側に被告となった元取締役側の弁護士。すでにいすに座って準備をしていた。みなスーツ姿で、左右に十数人ずつ。書類に目をやりながら、緊張気味に裁判長を待った。

法壇に裁判長ら3人の裁判官が姿を現すと、全員が起立し、東京地方裁判所の口頭弁論が始まった。東日本大震災があった２０１１年の秋に日本の産業界を震撼させたオリンパスの巨額損失隠し事件をめぐる民事訴訟だ。新聞やテレビは、損失隠しを主導した元社長・会長の菊川剛氏らに対する巨額な賠償額に焦点をあてたが、私はちょっと違っていた。同じ裁判の中で審理されていたマイケル・ウッドフォード社長（当時）の解任をめぐる訴訟に興味があった。それは関西地方の株主が、10人の元取締役に対して起こした株主代表訴訟だ。取締役は経営者を監視し、疑惑があった場合は調査をする善管注意義務を負う。10人の取締役が、その義務を果たさなかったため会社に損害を与えた。だからその損害を会社に対して支払えという内容だ。

10人の元取締役は、直接、巨額な損失隠しのことは聞かされていなかったという。それを前提に私は、その取締役たちの責任がどのような形で追及され、どういう形で責任をとらされるのか、もしくは責任はなかったと認められるのか。それを知りたくて、裁判所に足を運んだ。

この日、証言席にいたのは、被告の一人で、オリンパスの元取締役の高山修一・元社長。オリンパスで10年間にわたって社長と会長を務めた菊川氏の後を継いで社長になった人物で、損失隠しは知らなかったという立場だ。高山元社長は裁判長に促され、宣誓書の朗読を始めた。

よどみなく読み終わると、裁判長が「ではこちらの弁護士さんから」と尋問が始まった。被告側の代理人（弁護士）が立ち上がって聞いた。

弁護士　高山さんは平成18年6月にオリンパスの取締役に就任し、平成23年10月26日に代表取締役社長に就いていますね。

高山氏　はい、その通りです。

弁護士　オリンパスが過去の損失を隠し、不正な会計をしていました。知ったのはいつですか。

高山氏　平成23年11月7日です。

弁護士　どのように知ったのですか。

高山氏　菊川さんから聞きました。
弁護士　それまではしらなかった？
高山氏　知りませんでした。

2011年夏、オリンパスは揺れていた。

事件が初めて世に出たのが、月刊誌『FACTA』の8月号で、オリンパスが巨額な損失を隠し続けているという疑惑を報じていた。このとき、菊川剛会長はこの報道を無視したが、その意に反して、ウッドフォード社長が自主的に調べ始めた。

ウッドフォード氏は、その年の4月に欧州会社のトップから東京の本社の社長に抜擢されたばかりだった。知人らから『FACTA』の記事の解説を受け、ある日、本社で菊川氏に真相をたずねた。

菊川氏はウッドフォード氏に対し、「君は知らなくてもいい」と言った。社長であるにもかかわらず、関与を拒まれた。

ウッドフォード氏は矛を収めなかった。国際的な会計事務所のPwCに疑惑の取引き分析を依頼した。まもなく、「不適切な行為が行われた可能性を排除することはできない」との中間報告が来た。損失隠しは事実の可能性があると受け止めた。さらに深い調査が必要と考えたウッドフォード氏は自分にCEO（最高経営責任者）という権限を与えるよう菊川氏に要求し、同時に会長を退くよう迫った。

これに菊川会長は激怒した。ウッドフォード氏にＣＥＯを禅譲するという懐柔策を出しながらも、口封じを試みた。ウッドフォード氏から社長職とＣＥＯを奪い取ろうと動き出していた。

菊川氏は２０１１年10月13日夜、10人の取締役を都内の法律事務所に集め、ウッドフォード社長解任への賛同を求めた。10人はほとんど質問もせず、それを受け入れたという。

翌日の10月14日、取締役会でウッドフォード社長は、自らをのぞく出席者全員一致で解任された。ウッドフォード社長がＣＥＯを得てからわずか２週間後のことだった。

社長は、菊川氏が兼ねることになった。菊川氏は社長兼会長になった。当時の朝日新聞の記事によると、解任の理由について「ウッドフォード氏は組織の意思決定プロセスを無視した独断が多く、組織間の連携がとれなくなった」と説明していた。

実力者の復帰で、事態は落ちつくと思われた。新聞各紙も大きく取り上げながらも、不正のことに触れることはなかった。だが、突然の英国人社長の解任劇に、株式市場が動揺した。「何かが起きている」と投資家が疑心暗鬼になった。週明けの10月17日以降、売りの勢いが止まらなくなった。

これを沈静化させようと、菊川氏は社長兼会長を辞任する道を選んだ。10月26日のことだ。後任には、高山修一・専務執行役員を充てた。

高山新社長はその日のうちに記者会見を開き、不正会計の存在を否定し、「外部の監査を受けている。（疑惑とされる）支払いは適切だった」と濡れ衣であるかのような言い方をした。沈静化を図ろうと必死だった。
だが、そのわずか10日後の11月5日の土曜日、事態は急変する。刑事や民事の裁判資料によると、菊川氏のほか、山田秀雄監査役、森久志副社長の3人が東京・内幸町の帝国ホテルで落ち合った。3人は損失隠しの秘密を共有していた。「これ以上、隠し通すことはできない」と世間に本当のことを話すことを決めた。同社の第三者委員会の調査が動きだしていたほか、週刊誌の記事があまりにも詳細で、もう逃げ切れないと思ったという。山田氏の供述などによると、当初、菊川氏は「もうしばらくこのまま行くことはできないか」と抵抗したが、山田氏が「この期に及んで」と説得したという。

菊川氏らは、翌11月6日にメインバンクの三井住友銀行に説明している。社長の高山氏に知らせたのは、その翌日の7日だった。

十数年間隠し続けた巨額損失の公表に向けて動き出した形だが、社長よりも銀行に先に話すということは、銀行がこの会社の陰の権力者ということか。

高山氏は気丈に動いた。11月8日、火曜日のお昼に記者会見を開いた。「自分は知らなかった」と言いながらも、社長として全面的に謝罪した。わずか2週間前、「不正はない」と言っていただけに、多くの記者が驚いた。

1カ月後の2011年12月7日、高山氏は、当面の危機対応や再建にめどがついた時点で、自分を含む全員の役員が退陣することを表明した。実際、後継の社長など次の役員人事にめどをつけてから退任した。2012年4月の臨時株主総会で正式に笹宏行氏に社長を譲るまで、社長の在任期間はわずか半年。実直に動いただけに、あまりにも損な役回りだった。

それから4年半、高山氏はこの事件をどう総括しているのだろうか。弁護士の質問と、高山氏の一言を聞き漏らすまいと、傍聴人も緊張した。

正しいことよりも秩序?

株主代表訴訟で、訴えた株主の代わりとして実務を担ったのが「株主の権利弁護団」だ。実質的な原告と言っていい。その権利弁護団の前川拓郎弁護士が質問に立った。

前川弁護士　ウッドフォードさんが指摘していたことは、実は正しいことをしていたかもしれませんよね。まあ、結果的に正しいことを指摘している。これはよろしいですか。

高山氏　当時は分かりませんでした。

「結果的に」と前川弁護士は出口をふさいで聞いたはずなのに、高山氏は、「当時は」と逃げた。

前川弁護士は続ける。

前川弁護士　当時は分からなかったが、後から見れば正しいことを指摘していたわけですね。

高山氏　必ずしもそうだったかどうかはわかりませんね。

高山氏はかたくなだった。前川弁護士は微妙に質問を変えた。

前川弁護士　では、ウッドフォードさんは、正しいことを指摘していたかどうかも分からないという状態だったわけですよね。

高山氏　やはり、行動として、経営者としての資質が問題であるということですので、そこの内容については、十分に確認をしているわけではありません。

高山氏はウッドフォード氏に対し、今も不信感を持っているようだった。高山氏は、正しいか正しくないかではなく、ウッドフォード氏の経営者として求められる能力や見識に問題があったと主張した。

株主の権利弁護団の弁護士は、多くが大阪と神戸を拠点にしている。新聞やテレビでオリンパスの巨額損失事件のことを知り、「取締役会がまったく機能していない。あまりにもひどいケースだ」と、取締役に課せられた監視義務や調査義務を果たさなかったとして、２０１２年１月に関西の株主を前面に株主代表訴訟を起こした。「解任は、事件を解明しようとしたウッドフォード氏の口封じだったことは容易に分かったはず」として10人に計13億円の賠償命令を求めた。もっと早く、自主的に問題を解決しておけば、第三者委員会をつくる必要もなく、他の訴訟も起こされることも回避でき、損害の発生は少なかったとの理由だ。

担当となった白井啓太郎弁護士は「この問題で取締役の責任が問われなければ、取締役は何をやっても責任を問われないことになる。日本のコーポレート・ガバナンスを考えるうえで見逃せない」と語り、「（菊川氏らが）隠蔽のためウッドフォード氏を解任したことを黙認・放置しただけでなく、実質的に事件に加担している」と指摘し、個々の取締役の責任を追及した。ただ、この訴えは、日本のコーポレート・ガバナンス（企業統治）の奥深く横たわる問題に挑むことでもあった。

日本の会社法では、取締役で構成する取締役会が、社長ら経営者（代表取締役ら）を監視する立て付けになっている。だが、これは建前に過ぎないことをみな知っている。多くの会社では、会長、社長、副社長、専務、常務など取締役の序列ができている。みな、社長らから指名されて昇格するためだ。そのため、強固なピラミッド関係が形成される。「上司」に逆らう人はなかなか現れない。オリンパスは典型だったようだ。みな菊川氏の言いなりだったと株主の権利弁護団はみている。白井弁護士らは、そんな現状を認識しながらも、法が想定する社会を、少しでも実現しようと東京と大阪を往復した。

東京地裁で株主の権利弁護団は「ウッドフォード氏は正しかった」ということを前提に、解任したことが不正の隠蔽に加担したことにつながるという筋道を立てた。これを裁判官に分かってもらおうとした。

だが、高山氏を含む10人は強く反論した。みな、「ウッドフォード氏が解任された時点では、まだ損失隠しは明白ではなく、知るよしもなかった」と責任を認めず、真っ向から争った。

10人は、ウッドフォード氏解任について菊川氏の指示があったことを認めた。しかし、ウッドフォード氏は社長としての資質に問題があったと口々に訴えた。そのうちの何人かは、「担当役員を無視して人事やリストラ策に口を出してきた」とウッドフォード氏を攻撃した。「日本にいないことが多く、意思決定が遅れた」との声もあった。「すぐ激高する」と攻撃は人間性にまで及んだ。高山氏も、会長・CEO職を菊川氏から奪おうとしたウッドフォード氏にこそ問題があると主張した。

確かに、ウッドフォード氏は仕事に厳しかったという。その分、実績も挙げた。欧州のオリンパス事業を拡大し、菊川氏が社長に引き上げたのもそのためだろう。

たたき上げで、それも英国人が日本の巨大メーカーのトップになることは通常は考えられないことだ。ウッドフォード氏はなぜ、日本の本社の社長に引き上げられたのか。菊川氏はその理由を明確に語っていないが、当時のオリンパスの発表文には、「グローバル競争力のある企業体質への転化」とあった。

関係者からは「凄腕でやり手のウッドフォード氏を使って業績を上げ、一気に損失を穴埋めして、この問題を終わらそうとしたのではないか」との見方も出ている。

前川弁護士は、ウッドフォード氏と菊川氏に対する対応の違いを持ち出し、高山氏を追い詰めようとした。

前川弁護士　（損失隠しという）不正が確定していないのに（ウッドフォード氏が菊川氏の）辞任を迫った。これがおかしいというお話ですよね。

高山氏　はい。

前川弁護士　ウッドフォードさんは正しいことをしているかもしれませんよね。

高山氏　（沈黙）。

前川弁護士　正しいことをしたかもしれないウッドフォードさんをいきなり解職したことについてはどう思っていますか。

高山氏　ＰｗＣの報告書には「不正がある」とは書いていません。表面的なことしかやっていません。これは自分たちで調べないと、まずいと思いました。

前川弁護士　正しいことをしていたかもしれない人をいきなり解職したことを、どう思いますか。

高山氏　解職自体は経営者として資質の問題ですから、やりました。

「正しいことをしていたかもしれない人をいきなり解職した」というところに前川弁護士は焦点を当てるが、高山氏は、正面からこれには答えようとしない。

質問を微妙に変えた。高山氏ら10人の被告は「ウッドフォード氏の資質を問題だとして解任した」というが、正しいことをしようとしている姿勢こそ、経営者として評価される資質ではないか、という投げかけだ。

前川弁護士　経営者として資質の問題で言えば、ウッドフォード氏がオリンパスの不正について、それを暴こうとして正しいことをしている。それでも経営者の資質として問題があるのですか。

高山氏　そうです。

前川弁護士　それはなぜですか。

高山氏　これ以上ウッドフォード氏が独断専行すれば、オリンパスの経営は混乱すると、その当時は考えていました。

前川弁護士は後日、「この尋問で、高山氏が大切にしたのはオリンパスの『秩序』だったことがわかりました。正しいかどうかよりも、オリンパスの『秩序』が大切だと考えていたのです。会社の秩序を乱したから解職されたのです。そのことがオリンパス、いや日本企業の抱える最大の問題点ではないでしょうか」と私に語った。

日本の会社組織には、新卒一括採用、年功序列、終身雇用という大きな特徴がある。社会人経験のない学生を採用し、まずは「ホウ・レン・ソウ（報告・連絡・相談）」を覚えさせる。そして、いろんな仕事を経験させて一歩一歩、昇格させていく。その過程で組織に順応的になっていく。会社は、そのような組織人を着実に昇進させる。

私も一つの会社に30年余り在籍している。組織で働く身として、順応さや秩序が大切なことに異を唱えるつもりはない。「ホウ・レン・ソウ」も重要だ。ただ、それはあくまで倫理性や妥当性があることを前提にした話だ。不正や不正かどうかのグレーゾーンの状態において、順応さや秩序は正面から否定されるべきだ。

ウッドフォード氏は「秩序」をみだしたのかもしれない。高山氏の回答から、そんな日本社会のことを強く意識させられた。

前川弁護士は、念押しで聞いた。

前川弁護士　不正が仮にあったとしても、隠蔽した方がオリンパスのためになるとお考えですか。

高山氏　違います。自分たちで調べようとしました。

前川弁護士　自分で調べようとした？　高山さん自身が？　当時はそんなことを考えていないですよね。（解任した2011年）10月14日の時点では。

高山氏　その後、すぐです。

前川弁護士　高山さんが代表者（社長）に就いてからでしょう。

高山氏　（調査委員会を）つくったのは11月1日ですから、そうですが、実際にはその前に始めていました。

高山氏は、自分たちも調べようと動き始めたことを主張し、決して目をつぶったり、逃げたりしているわけではないという姿勢を強調した。解任と調査の必要性を別々に考え、解任に隠蔽の意図はなく、取締役としてその責任を果たしたとの反論だ。

確かに、これは筋が通っている。

オリンパスは、ウッドフォード氏を解職した2011年10月14日から7日後の10月21日、第三者委員会を設立することをホームページで公表している。高山氏とは別の取締役も、ウッドフォード氏の解職直後、独自に弁護士に相談し、菊川氏の退任と第三者委員会の設置を助言され、これに従って動いたと証言している。

ウッドフォード氏を解任しながらも、菊川氏という自分たちのボスにはきちんと疑惑の目を向けていた。つまり、経営者を監視し、疑惑を調べる取締役の役目を果たしていたと主張した。

しかし、株主の権利弁護団はこの主張に懐疑的だ。ウッドフォード氏を解職して公表した10月14日以降、欧米のメディアを中心に損失隠しを疑う報道が相次ぎ、株価は急落した。このため、自主的というよりも、株価や会社の信用を維持するため追い込まれた形で、やむを得ず第三者委員会の設置を決めたと考えている。

オリンパスが菊川氏らの疑惑に対し、調査を始めたのは、自主的なのか、それとも追い込まれての判断なのか。それが、10人の取締役の責任の有無を考えるうえで、重要になった。

ウッドフォード氏の社長解任から3日後の10月17日、オリンパスは「当社に関する一部報道について」と題したプレスリリースを出している。これが興味深い内容だ。

「マイケル・ウッドフォード取締役の代表取締役及び社長執行役員の解職について、一部、憶測等に基づく報道がなされておりますが、解職の理由は、これまでもご説明しております通り、他の経営陣との間に経営の方向性・手法に関して大きな乖離が生じ経営の意思決定に支障をきたす状況になったためです。また、すべてのM&Aは適正な手続き・プロセスを経たうえで会計上も適切に処理し、実施しております」とある。

注目すべきは、最後の一文だ。「すべてのM&Aは会計上も適切に処理し」と明記し、自分たちに瑕疵(かし)はないと言い切っている。解任と同時に調査に動き出したと言いながらも、会計上は適切に処理していると断言している。これから調査しようとする人たちのコメントとは思えない。

オリンパスはこれから4日後の10月21日には第三者委員会の設立準備を進めていることを公表しているが、このときのニュースリリースにも注目に値する文章があった。

文中で「株主からの書簡について」との項目を立て、「当社の一部株主より、過去の買収案件について質問を含む書簡を受け取った。これに対して現在当社では回答の準備を進めている」と記述している。一読しても、何とことか分からないが、わざわざプレスリリースを出すくらいなので、「書簡を受け取った」という言葉から、大株主である機関投資家から不正会計の疑義が投げかけられたのでは、と推測できる。それを発端に調査に踏み切ったことをうかがわせるような文面だ。

株主の権利弁護団の主張は明快だ。

「高山氏らの主張が本当ならば、ウッドフォード氏の解職と同時に第三者委員会の設置を決めて公表すべきだった」

レッド・フラッグ

どの程度の疑惑が浮上した場合に、取締役は本格的に調べ始めなければいけないのか。東京地裁の判決の後、私は専門家に聞いてみた。

取締役の責任問題に詳しい東京霞ケ関法律事務所の遠藤元一弁護士は、著書の『循環取引の実務対応』（民事法研究会）で、「不正調査実施義務（Ｒｅｄ　Ｆｌａｇｓ対処義務）」という項目を立てて、解説している。不正調査実施義務とは不正の兆候・端緒に気づいた場合は調査を行わなければいけないという考え方で、米国では「Ｒｅｄ　Ｆｌａｇｓ（レッド・フラッグ）」と呼ばれている。

では、オリンパスの件では国際的な会計事務所が不正の可能性を示す意見書を出したが、これは取締役が「レッド・フラッグ」と認識するアラートに該当するものだろうか。

遠藤弁護士によると、会社法には「取締役は、他の取締役による違法・不当な行為やその疑いを生じるような事情を知った場合、取締役会を通じて必要な調査を行い、違法・不当な事情の有無を確認し、違法・不当な事情がある場合にはそれを是正する義務が生じる」との規定がある。そのうえで注目すべきなのが、ウッドフォード氏から専門家として依頼を受けた会計事務所が、中間報告において「不適切な行為が行われた可能性は徘除できない」との疑義の可能性を指摘した点だという。

「排除できない」とは一見、消極的な表現ではある。ただ、本来であれば自ら直接、書類を分析したり、インタビューをしたりし、その上で最終結論を出す必要があるのだが、今回、会計事務所はそこまでしていないとみられる。その場合、自ずと控えめな表現とならざるを得ないという。

遠藤弁護士は「これはオリンパス社の財務諸表の、違法・不正（不当）を強く疑わせるレッド・フラッグととらえられるべきであり、オリンパスの取締役は、同社の有価証券報告書や計算書類等が違法ないし不当な会計処理がされていないかどうかについて速やかに調査し、違法・不当な点があれば直ちに是正する義務があり、それを怠れば善管注意義務違反に該当することになる」としている。今回のケースはレッド・フラッグに該当するのでは、との見解だ。

そして、「ウッドフォード氏を解任した取締役会の会議後に引き続き、あるいは翌日か、翌々日あたりに取締役会が開かれて、調査すべきだとの意見が出され、第三者の意見のレビューか、調査委員会の立ち上げかはともかく、具体的な行動をとることが決議され、調査に着手したことが取締役会議事録その他で記録として残っていることが必要であり、それがない限り、善管注意義務違反の結論は免れない」。

一方で、ウッドフォード氏の解任について遠藤弁護士は、経営トップとしての適格性に問題があったという認識を取締役たちが有しているという証言を重視。「（菊川氏らの損失隠しについて）確証をもって見抜いていない限り、正面から解職に反対することは期待できない。裁判所もそこで善管注意義務違反とは認定する可能性は低いのでは」とした。ただ、会計事務所の中間報告については、「たとえ、解職したとしても、会計事務所の指摘を踏まえた調査・解明義務を果たす義務を取締役は負うはずだ」と述べ、株主の権利弁護団は、調査義務を果たしかどうかに絞って高山氏らを追及すべきだったという。

２０１６年10月20日の法廷で、尋問の最後に裁判官が高山氏にきいた。「調査することと、ウッドフォードの解職は、別問題だと考えていたということですか」と問うと、高山氏は自信を持って答えた。「そうです」。

もう一人の裁判官も「解任する前日に（取締役が集まって）打ち合わせをしたというが、そのとき、調査の話は出なかったのですか」。高山氏は「そのときは出ませんでした。ただ、具体的に話は進んでいました」と説明した。裁判官はさらに「菊川氏が代表取締役に戻ることで、調査に影響は」と続けると、高山氏は「影響はまったくありません」。こちらも自信たっぷりだった。

社外取締役は何をしていたのか

本当に影響はなかったのだろうか。

菊川氏の部下として、損失隠しに深く関わった元副社長の森氏は法廷での尋問で、「（菊川氏ら歴代の）社長の指示には当然従わなければいけない。指示は絶対」と取締役会における序列が強固だったことを証言している。

さらに注目したいのが、社長ら代表取締役をチェックし、ガバナンスの主軸を担う社外取締役だ。オリンパスには当時、3人の社外取締役がいた。2016年10月に東京地裁であった尋問で、当時の社外取締役が登場した。元証券会社幹部だった人物だ。株主の権利弁護団の弁護士と、こんなやりとりがあった。

弁護士　（2011年）9月30日の取締役会でウッドフォードさんをCEOにする決議には賛成されましたよね。

元社外取締役（元証券会社幹部）　はい。

弁護士　それはウッドフォードさんがCEOにふさわしいとあなたが思われたからですか。

元社外取締役　いいえ。

弁護士　じゃ、なぜ賛成されたんですか。

元社外取締役　そもそもウッドフォードさんを社長にしたいと言い出したのは菊川さんなんです。次の社長を選ぶのは、社長の専管事項なんです。それが社長の使命です。その菊川さんが、今度はウッドフォードをCEOにしたいと言うのであれば、社外取締役が社内の人事にいたずらに口を挟むことはおかしいと思いましたので、菊川さんが、菊川さんなりのお考えがあってなさることだろうと思いましたので、私は賛成しました。

これを聞いて私は、驚き、情けなく思った。確かに、「社長の最大の仕事は次の社長を選ぶこと」という言葉を私も、30年ほどの記者生活の中で何度か聞いた。しかし、それがまかり通ったのは、せいぜい2005年ごろまでの話だ。2000年の前後に、様々な制度改正が行われ、社外取締役を活用し、社長ら役員の指名委員会を設置する委員会等設置会社（現在は指名委員会等設置会社）の制度が導入されるなど、日本のコーポレート・ガバナンスは大きく変わっていった。ソニーが、指名委員会など3委員会を持った委員会等設置会社に移行したのが2003年だ。

社内出身の取締役はどうしても、社長を頂点とした序列に組み込まれており、「いざというときに社長の首を切れる人」という視点から社外取締役に期待がかかっていた。そんな考え方が、2000年ごろから急速に日本の上場企業に浸透していったと私は認識している。それなのに、この元社外取締役は、2011年当時のことを、堂々と「社外取締役が社内の人事にいたずらに口を挟むことはおかしいと思いました」と言い切った。裁判官はこの言葉に驚かなかったのだろうか。

この社外取締役に対し、株主の権利弁護団の由良尚文弁護士が質問に立った。

由良弁護士　証券取引きに詳しい専門家の目で、外部からの目でオリンパスの業務を監視してほしいという株主の期待を認識はされていましたか

元社外取締役（元証券会社幹部）　ぜんぜんではないが、そこまで認識はしていなかった。

由良弁護士　菊川さんの判断を尊重するのがいいのですか。それでは社内の取締役と一緒では。

核心を突いた質問だ。どう答えるのか。

元社外取締役　よろしんじゃないですか。私はそれでいいと思いました。

由良弁護士　社外取締役として透明な目で、外部の目で経営者を監視してほしいという株主の負託に応えたいと思いますか。

元社外取締役　私は自分の範囲内でやれたと思っています。

由良弁護士　あなたは（ウッドフォード氏を解任した）10月14日、自分のその判断でその役割を果たせたと思っているんですか。

元社外取締役　思っています。

裁判なので、相手の言い分に乗らないという思いは分かる。しかし、裁判は公開が原則で、社会的な影響もある。判決に影響しそうなことではあるが、ここまで開き直られては、あぜんとするしかない。社外取締役の役割について、法務省の法制審議会、東京証券取引所（東証）など様々な場で議論していたことが、個々人の勝手な思いの前に、いとも簡単にはじき飛ばされたように感じた。

さらに驚くこともあった。この元証券会社幹部は、外資系の証券会社勤務だった1993年頃、為替や債券などを組み合わせた金融商品をオリンパスに売ったと証言した。

決算期末に280億円の含み損を抱えていたオリンパスに対し、300億円の金融商品を買い取らせて損失を隠していたとこの元証券会社幹部が証言。「違法行為であるという認識はなかった」と語った。「今でも期末に外して買い戻すことは、全然、違法ではない。問題は、時価と違う値段でやることが、損失隠しとか、利益隠しにつながるからやめましょうということなんであって」と供述したことを大筋で認めた。さらに1997年ごろまで、特殊な金融商品を使った企業の決算対策としての「飛ばし」はよく行われていたとも証言した。これは粉飾決算ではないのか。今から20年ほど前のことだが、今の大企業の幹部の多くは60～70代で、少なからぬ人たちがこのような不正決算にかかわっていたのではないかという疑念が渦巻いた。そして、裁判の過程とは言え、判決で10人の元取締役の責任が認められなければ、この元社外取締役の言い分がすべて肯定されてしまいかねない。それが心配だった。

大学教授とマスコミも

事件発覚当時のオリンパスの社外取締役は、この元証券会社幹部のほか、大学医学部教授と、元日本経済新聞の元役員という3人だった。いずれの社外取締役も、その職責を果たせたとは、とても言えないと思う。このときの社外取締役の報酬は、平均すると1人年約1000万円。一般的には、月1回程度の取締役会に参加することが仕事で、大きなことがなければ十分すぎる金額だ。

オリンパスは、胃カメラなどの内視鏡を中心とした医療機器メーカーだ。大学の医学部とは密接な関係がある。そのなかで、大学の消化器内科教授ら医療関係者が2代続けて社外取締役に就任していた。

そして、産業界に圧倒的な力を持つ日経新聞の元幹部。こちらも偶然ではなく、2代続けて就任している。一人は取締役元広告局長。その後任は、専務取締役まで上り詰めた人物で、日本経済新聞系のテレビ愛知の社長だった。後任者は事件が発覚する直前の2011年6月の就任なので、運が悪いと言えばそうだが、個人的には新聞社の幹部が社外取締役に就くことは賛成したくない。新聞社にもビジネス部門があり、そこの出身ならばやむを得ないこともあるだろうが、誰もが納得できる事情がなければ、その新聞社の報道姿勢が疑われることになる。

残念なことは、彼ら社外取締役が、ウッドフォードと菊川、両氏の話を聞いて事態を収めようとしたという話はまったく出てこなかったことだ。

社外取締役の役割を考える論考や書籍がたくさんでているが、このオリンパスの事例に言及するものは少ない。独立性がなかったのか、それとも社会や本人の意識が低かったのか。社外取締役の役割を考えるうえで格好の事例だと思う。

結果的に1審の東京地裁では、ウッドフォード氏が解任されたとき、菊川氏らの違法行為は明確な状態ではなかったと認定された。裁判長は、それを前提に「少なからぬ取締役が（ウッドフォード氏の）社長・CEOの適格性に問題があると認識していた」と判断した。このため、直接、損失隠しを知らなかったという10人の取締役が解任議案に賛成したことは善管注意義務違反に当たるとは言えない、との判決を下した。つまり、10人が解任議案に賛成したのは、菊川氏の言いなりだったわけではなく、そもそもウッドフォード氏の資質に疑問を持っていたからだという論理を裁判所は採用した。原告である株主の権利弁護団の訴えは完全に退けられた形だ。弁護団は控訴した。

白井弁護士は言う。「取締役は何もせず、何も見抜けなくとも、それでいいということか。取締役は能力がなくてもいい。もしくはない方がいいという判決だ」

ウッドフォード氏の反論

舞台は東京高等裁判所に移った。

白井弁護士ら株主の権利弁護団は、東京高裁でウッドフォード氏の証人尋問にこだわった。本人の弁解も聞かずに10人の元取締役が言った「悪口」を認めていいのか、との考えだ。

事件発覚後、ウッドフォード氏は復帰を果たそうと、銀行の首脳らに面会を求め、協力を仰ごうとしたが、かなわなかった。結局、日本の経済界に強い影響力を持ち、日本のエスタブリッシュメントの代表とも言える銀行の協力が得られないことが分かった時点で、株主総会で対案を出して社長に復帰する計画は頓挫し、英国に戻った。

そのウッドフォード氏は、自分が解任されたことを今、どのように受け止めているのか。

株主の権利弁護団の働きかけで、2018年2月、高裁でウッドフォード氏に対する尋問が実現した。

証言台に立ったウッドフォード氏は損失隠しの原因として「菊川氏に対する間違った忠誠心。無条件での服従」と語り、「(菊川氏の) 操り人形でした」と元取締役を批判した。

疑惑が発覚したあと、森氏と口論になったことも語った。ウッドフォード氏は「あなたは誰のために働いているんですか」と聞くと、森氏は「菊川氏のために働いている」と述べたという。

自分が解任されたことについてウッドフォード氏は「2週間前の役員会で私は、みなが賛成してCEOに就任している。私が不正行為を暴こうとしていたことに対する妨害だ」と主張した。解任理由になった「頭ごなし」といわれた人事や、日本にいないことについては、「ある電気エンジニアと話をしたら、そんなうわさになった」「オリンパスの拠点の3分の2が海外にある。欧米市場は非常に大切。電話でもメールでも対応できる。私はEメールの返答が早いので定評がある」などと反論した。

そして日本を愛していたという。2011年9月30日の取締役会でウッドフォード氏は、「個人的な利益を得た人は誰もいない」と菊川氏らと、一時、和解に動いたように見えたこともある。これについてウッドフォード氏は証人尋問で「私は日本に来てから40年近くになります。人に対して尊敬の念を持つ、顔をつぶしてはいけない、人に恥をかかせてはいけない、という日本文化を学んだ。菊川氏を決して辱めないようにした」と語った。

会計士は奮闘したが

オリンパスの損失隠しは日本のコーポレート・ガバナンスに大きな衝撃を与えた。特に、長年にわたる不正に会計監査を担う監査法人は何をしていたのか、との批判が渦巻いた。

実は、オリンパスの監査を長らく担当していたあずさ監査法人は、不正の端緒をつかんでいた。それもかなり深くオリンパスの不正にささっていた。それなのになぜ、結果的に見過ごしてしまったのか。これまでの取材と裁判資料などから検証してみると、「告発」しようとした会計士を、周りの肩書のある人たちがよってたかってつぶした構図が浮かび上がってくる。

2009年5月7日、あずさ監査法人の公認会計士は、菊川社長らと向かい合っていた。この会計士は、「経営陣の刷新が必要では」と菊川氏らに辞任を求めた。

通常、会計士がここまで言うことはない。これだけの大企業で監査法人が経営トップに辞任を求めることは極めて珍しいことだ。この会計士も「私の30年の経験からしても初めてのケース。あずさとしても大変厳しいと言わざるを得ない」と証言している。自分たちの意見が受け入れられない場合、オリンパスの会計監査人を下りることも示唆しながら、オリンパスの決算書にあった異常な数値について説明を求めた。

オリンパスは当時、国内のベンチャー企業3社に730億円を投じていた。ほかにも、英国の医療機器メーカーを約2000億円で買収した。この買収に関連し、買収金額の12％にあたる252億円をアドバイザー契約としてコンサルタント業者に支払っていた。730億円と252億円はその後の調べで、いずれも損失隠しに関連したものだったとオリンパスの第三者委員会の報告書で認定されている。ベンチャー企業3社への投資と、医療機器メーカー買収のアドバイザー費用として約1000億円を支出しながら、目的は別のところにあった。

ベンチャー企業3社は、電子レンジの料理器具や、ガンや肝硬変に効果があるという健康食品、医療系プラスチックの廃棄物処理の会社だ。まったくの幽霊会社だったのか言えば、そんなこともないようで、実態はあったという指摘がある。当時、オリンパスは主力の内視鏡事業に取って代わるような事業を探っていて、歴代の社長らと親交があった経営コンサルタントがその事業探しを任され、この3社を見つけ出したという。

このコンサルタントは「それぞれ濃淡はあるが、実態はあった。特に電子レンジの料理器具は具体的に進めていた」とイベント開催の様子などを私に話している。

だが、この会計士の目から見ると、事業の新規性はなく、同業他社も多く、とても数百億円を投資する会社には見えなかった。オリンパスが新規事業を探していたことは間違いなく、このコンサルタントも本気だったようだ。同時に、オリンパスはこの3社をうまく利用したことも事実だ。

また、医療機器メーカー買収のアドバイザー費用についても、この会計士は、通常は企業の買収額の0・5~1%ほどだとし、12%は異常な数値であることを指摘している。

私が驚いたのは、この会計士がなんとオリンパスに対し、金融商品取引法193条の3の発動も持ち出したことだ。193条の3とは、会計士が不正を発見した場合、そのことを監査役らに正式に通知する制度で、場合によっては金融庁に話が持ち込まれる。いったん発動すれば、不正があるのかないのか決着を付けなければいけないような規定だ。会計士にとっても経営者にとっても、監査役にとっても真剣にならざるを得ない。会計士にとっては「伝家の宝刀」だ。刀を抜いた以上、ただでは終わらない。そんな条文だと思う。この会計士は明らかに不正のにおいをかぎ取っていた。

それも抜き差しならぬ状態にまで来た。この会計士は誠実に、仕事をしていたと言っていい。十分な責任を果たそうとした。

だが、それがなぜか、結果的にこの訴えは実らなかった。その過程をたどると、この国を支配する人たちの使命感、責任感の薄さが浮かび上がる。会社の法務部や監査役、弁護士、大学教授といった人たちは、法制度にのっとって公平さ、正しさを実現することに努力する人たちだと思っていたが、このとき、それは明らかに違っていた。

この会計士はまず、監査役に対して、この取引きが正しかったかどうかの調査を求めた。会計監査は会計士がやるが、取締役を対象に会社の業務を会社の中からチェックするのが監査役だ。会計士と監査役は協力関係にあり、監査役が本格的に調べることになった。

逃げる監査役

ところが、監査役がいたるところでブレーキとなった。監査役は、経営者や従業員が違法行為をしていないか見張るのが仕事で、法律では取締役と同じく役員とされ、高い地位を占める。このときオリンパスでは、執行役員や部長などを務めた人だった。こんな監査役の一人は、この会計士に対して、「越権行為ではないか」と反発したことが裁判記録に残っている。越権行為どころか、会社の不正を見つけてくれたことに感謝しなければならないのに、逆に反発する。これが監査役の実態なのか。

監査役は自分たちだけでは判断できないとして、第三者委員会をつくることにした。しかし、これではなんのための監査役、監査役会なのか。自ら調査し、判断できなかったのか。監査役こそが第三者的な立場で経営者に進言するべき役割を負っている。今回の件は、会社業務の違法性、妥当性に関することであり、自分たちこそが専門家ではないか。

複雑で大がかりな不正など、第三者委員会をつくってその意見を参考にすることもあるのだろうが、この２００９年に設置された第三者委員会にまつわる裁判資料を読んでいると、がっかりすることばかりだ。

まず、第三者委員会の委員の選定方法に問題があった。

監査役がつくる第三者委員会なのに、その人選に、当時のオリンパスの法務部長と顧問弁護士の2人が決定的な動きをしていた。この法務部長は監査役会を補佐する立場でもあった。まず、この法務部長が顧問弁護士に対し、第三者委員となる弁護士の紹介を求めた。実際に顧問弁護士の知人の弁護士が就任した。

考えてみてほしい。法務部長も顧問弁護士も、まさしく会社、つまり経営者の利益を考える人たちだ。監査役会として、その経営者の責任の有無を公平な立場で調べる第三者委員をつくれるだろうか。この法務部長と顧問弁護士は直接、たずさわるべきではない。利益相反行為になるためだ。

だが、さらにとんでもないことが起こる。報告書のたたき台を、この顧問弁護士の事務所がつくることになった。この顧問弁護士は「最終的に決めるのはあずさ監査法人で、効率的にすすめるための、あくまでもたたき台として引き受けた」と供述しているが、たたき台こそが重要だ。顧問弁護士の事務所でつくるのであれば、法務部内でつくることとほとんど変わらない。第三者委員会の委員がつくればいいだけの話だが、急ごしらえの委員会であるだけに、原案は大きな力を持つ。弁護士であれば、そんなことは百も承知のはずだ。

この第三者委員会の1年後になるが、２０１０年7月に日本弁護士連合会が「企業等不祥事における第三者委員会ガイドライン」をまとめ、「企業等と利害関係を有する者は、委員に就任できない」と記している。そして欄外の注釈で「顧問弁護士は『利害関係を有する者』に該当する」と付け加えている。委員がだめなら、事務局の立場も避けるべきだ。

結果的にオリンパスの２００９年の第三者委員会の委員には、弁護士、会計士、元大学教授の3人が就いた。初会合には、この顧問弁護士も出席したという。問題はないという原案に対し、大きく変更するような意見はなく、完成をめざすことになった。２００９年5月15日のことだ。

あずさ監査法人はそれでも自らのヒアリングを要請し、実際に行われた。翌5月16日のことだ。結論はまったく変わらなかったようだ。

第三者委員会は最終的に、「ベンチャー企業の3社はオリンパスの経営戦略に合致している。取締役会など必要な手続きが行われている」などとして、「判断が著しく不合理であったとまで評価できるほどの事情は認識できなかった」と、問題なしとする結論を出した。

法務部長と顧問弁護士による自作自演のようだが、この法務部長にもやむを得ない事情があった。この法務部長は2009年5月、当時の森副社長から第三者委員会の設置の指示を受け、そのときこう言われたという。

「厳しい日程だけど、第三者委員会に『問題ない』と言ってもらえるようにやってくれ」

つまり、この法務部長は上司から命じられたことを忠実にこなしたと言える。この法務部長は損失隠しのことは直接知らなかったとされる。そのうえで、第三者委員会に問題ないと言ってもらうように動いたわけだが、会社員であれば、おそらく少なからずの日本人が同じような行動を取るのではないか。

森副社長がしたとされる指示は、あきらかに「第三者委員会」の本質を否定している。法務部長という立場を考えれば、この副社長にまず「それでいいのでしょうか」と進言するべきだった。もちろん簡単な話ではない。自分のキャリアに変化が起こることを覚悟しなければいけない。その勇気がなくとも、正面から逆らわなくとも、自分なりに第三者委員会の客観性を保ちながら、それなりの結論に導くことはできたなかったのだろうか。上司の不当な命令と自分自身の倫理観がぶつかることはしばしばある。倫理観を保とうとする気概はなかったのだろうか。大企業の法務部長というのは、脱法行為を考える管理職ではないはずだ。社会正義を会社の中で実現する最後の砦ではないか。法務部長は「社内正義」の実現をあきらめてはいけない。それだけの知見を持っているはずだ。

第三者委員も本来の役割から遠いところにいる。会社側のいいなりだった。実際に、会社の担当者が委員になる元大学教授にもあいさつに出向いたところ、「オリンパスさんのことで私がお役立ちできることがあれば手伝います」と言ったという。オリンパスさんとは誰のことを指すのが疑問だが、当初から中立的ではなかったようだ。

一方、あずさ監査法人の問題意識は旺盛で、第三者委員会のヒアリングにおいて「第三者委員は防戦一方のような印象を受けた」と法務部長は供述している。しかし、結論に影響は与えなかった。「著しく不合理であったとまで評価できるほどの事情は認識できなかった」という文章ですべてが終わった。

第三者委員会は、会社が提出してきた資料を鵜呑みにした。同時に自分たちの責任回避には熱心だった。第三者委員会の報告書にはこんな記述がある。「調査期間が極めて限定され、開示資料についても網羅的に精査できていないほか、ヒアリング対象者も極めて限定されており、十分時間をかけていれば発見できたことを発見できていない可能性も十分にある点に留意されたい」。

ここまで言い訳したうえで出す報告書とは、いったい何なのか。しかし、監査役はこの言い訳のような文章を問題視することもなく、報告書を受け取った。

最終的に監査役はどうしたのか。

２００９年5月17日に監査役会を開き、「当監査役会は、この報告書を受けて、その内容について慎重に確認および審議を行った結果、監査役会の見解として、『取引自体に不正・違法行為は認められず、取締役の善管注意義務違反および手続き的な瑕疵は認められない』との結論に至りました」との通知をあずさ監査法人に出している。

しかし、法務部長は捜査当局の取り調べにこのよう供述している。「監査役は、第三者委員会の意見書の内容を慎重に確認したなどと記載していますが、第三者委員会の内容の当否について監査役同士で『慎重な審議』と言えるような議論はなく、それにもかかわらず、問題はないとする結論にした」

これから監査役が第三者委員会の結論を丸のみにしたことがうかがえる。鵜呑みにした結果をさら丸のみにするという実態だ。実際、当時の裁判資料には監査役の以下のような発言が記録されている。

「専門的なことがあり、監査役には判断しかねる」

「経営を執行する側に判断を任せるほかないというのが正直な気持ち」

「基本的にはあずさの対応に任せるのが適切」

「さすが（顧問）弁護士の起案能力はすごいと感じた」

これが大企業の監査役なのだろうか。

オリンパスは、５人の元監査役に対しても損害賠償訴訟を起こした。その訴訟は２０１６年５月に４人（１人は相続人）との和解が成立した。損失隠し自体は知らなかったという前提で、４人は謝罪と共に１人約３２１万円を支払うことになった。残る１人は元経理部長で、損失隠しに深く関わっていたとされた。元経理部長は「（損失隠しのことは）一切知らない。誠実に監査役の業務を果たしてきた。経営判断の是非を監査役に求めることは間違い」と請求棄却を求めていたが、２０１６年11月、和解が成立した。元監査役は解決金約２０００万円を払うことになった。

金融庁が動き出す

あずさ監査法人の問題提起は、社長だった菊川氏を怒らせた。２００９年５月、あずさ監査法人の事務所を訪れ、「再任しないことになりました」と告げた。

２０１２年11月の刑事裁判で、菊川氏は「（あずさ監査法人は）社長を交代しないと判を押さないと言ってきた。買収価格は経営の問題。監査人が判断することではないと考えた」と証言した。私もこの証言を傍聴席で聞いた。ここのところだけは力が入っていた。よほど腹に据えかねたのだろう。菊川氏はあずさ監査法人を切った。そして、何食わぬ顔をして、新日本監査法人と新たに契約をした。新日本監査法人は何事もなかったように適正意見を出した。

問題発覚後、「長年、監査法人は本当に見抜けなかったのか。知っていたのではないか」との社会的批判が強まった。これを受け、金融庁は２０１３年春、上場企業の監査で監査法人（公認会計士）向けの基準を新たにつくった。「不正リスク対応基準」だ。

会計士の規範となる「監査基準」を補強した形で、会計士がこれらを守らなかった場合、金融庁が処分する根拠にもなる。

中でも金融庁が力を込めたのが、「職業的懐疑心」という言葉だ。

この職業的懐疑心は、プロとしては当然の心構えで、監査基準には2002年の改訂で盛り込まれている。この時は「懐疑心を保持し……」と無難な表現だったが、新基準では、「発揮して」「高めて」とその状況によって懐疑心を強めていく表現が盛り込まれた。

あずさ監査法人は間違いなくオリンパスの不正に気づいていた。だが、追及しきれなかった。最終的には、契約を解除されてもなお、それ以上、問題を公表するなど騒ぐことはなかった。そのため、いまもなお、「責任が及ばぬよう、相手を怒らせてわざと切られたのではないか」との見方も出ている。

これまでも粉飾決算のカネボウやライブドアの事件で、企業と会計士のなれ合いが批判されたが、企業が監査報酬を払い、監査法人の経営がそれに依拠する以上、どうしてもなれ合いの可能性は潜む。監査役を含む会社側が「適正だ」「正しい」と言い張れば、結果的にはそれに従わざるを得ない状況はなんとかならないのだろうか。

私はそんなことを何人かの公認会計士に聞いたことがある。「不適正意見を出せば、企業は上場廃止になるんですよ。そんなことできますか。監査役が調べて、『疑惑はない』という以上、適正意見を出さざるを得ませんね」と必ず言われる。私が「監査役が何を言ってきても、自分自身の考えで不適正意見を出せばいい。社会から信頼されませんよ」と言っても、だいたいは堂々巡りの不毛な議論に終わってしまう。会計士の存在意義って何なのだろうか。

気になって公認会計士法を見てみた。

冒頭に「公認会計士の使命」として以下のような条文があった。

第一条 公認会計士は、監査及び会計の専門家として、独立した立場において、財務書類その他の財務に関する情報の信頼性を確保することにより、会社等の公正な事業活動、投資者及び債権者の保護等を図り、もつて国民経済の健全な発展に寄与することを使命とする。

財務情報の信頼性を確保することが「使命」と書かれている。

そして「公認会計士の職責」はこうある。

第一条の二 公認会計士は、常に品位を保持し、その知識及び技能の修得に努め、独立した立場において公正かつ誠実にその業務を行わなければならない。

わざわざ法律に「公正かつ誠実に」との職責を明記している。このあずさ監査法人の会計士は、この

「職責」にのっとった行動をしただろうか。厳しい見方かもしれないが、最後の最後で一種の妥協もあったのではないか。

事件後、日本公認会計士協会も再発防止に動いた。新たにつくった不正リスク対応基準に沿った厳格な監査を訴え、業界全体として信頼回復に努めた。不正リスク対応基準では、監査の計画を立てる前、不正につながるような要因があるかどうかを検討するよう求めている。その要因について、「文書なしで取引きが行われている」「合理性のない特別目的会社を有している」などと参考例も挙げて注意を喚起している。実際の監査で「重要な書類を紛失している」「見積もりを頻繁に変更する」など虚偽表示を示唆する状況が出た場合、経営者に質問し、追加の監査をしなければいけないとしている。多くの会計士にとっては当たり前のことなのかもしれないが、改めて新しい基準を作らなければならないところにこの業界の問題点が現れている。

また、不正リスク対応基準では、予告なしに監査に出向くことも有効だと指摘している。

当時のオリンパスの監査でこんなことがあった。裁判で明らかになったことだ。担当の会計士が、オリンパスの金融資産を預かる海外の銀行に残高照会をし、資産が担保に入っているかどうかを質問した。だが、当時のオリンパス首脳が手を回し、銀行は金額しか回答しなかった。実は、その金融資産はオリンパスが差し出した担保だった。それによってその銀行が、オリンパスの息のかかったファンドに融資を実施した。ファンドはオリンパスから多額の含み損を抱えた別の金融商品を簿価で買い取っていた。

会計士がきちっと照会作業をしていれば、もっと早く不正を発見できたかもしれない。不正リスク対応基準では、照会作業に対する回答が不十分なときは慎重に判断することを求めた。

ちょうど同じ頃、大王製紙の創業家が絡む不正融資もあった。不正リスク対応基準では、「経営が1人または少数の者に支配され統制がない」「不明瞭な貸し付けなどがある」と大王製紙のケースを念頭に、注意すべき状況が列挙されている。

会計士の交代の方法も問題視された。前任者のあずさ監査法人は不自然な買収などを把握していたが、後任にそれが引き継がれることはなかった。不正の兆候について、引き継ぎの説明がなく、新日本監査法人も粉飾を発見できなかった。このため、新しくできた不正リスク対応基準では、不正に関連することを前任者が確実に伝え、後任も質問をすることとした。要請があれば、前任者が関係書類も見せることにもなった。

不正の発見は目的ではない?

これだけの事件があったのに、日本公認会計士協会の中枢から、不正の発見に消極的で、かつ、慎重な声が出ていた。

2012年7月に青山学院大学でシンポジウム「第10回会計サミット」があった。サミットと銘打つように、会計監査に携わる人たちが注目する会合だ。この場で司会者が、日本公認会計士協会の山崎彰三会長に尋ねた。「会計士が不正を発見もできない、企業も期待していないのだったら、監査無用論になります。このへんはいかがでしょうか」。

これに対し、山崎氏の答えは「経営者不正を発見するために会計監査があるのではない」だった。私も聞いていたが、おやっと思った。業界を挙げて信頼回復に努めようとしている最中に、不正を発見する必要がないというふうに聞こえる発言をなぜ、しなければいけないのか疑問に思った。

山崎氏は続けて、「会計監査は、経営者不正も当然その中に入りますが、会計基準を順守した財務諸表をつくっているかどうかで、そういうことも含めて、会計基準に対する整合性を監査することが我々の目的であります。いってみれば限られた役割を期待されているということ……」と語った。言っていることに間違いはないが、私には最後の最後まで「不正に関心はない」と聞こえた。

会計士は、金融庁が所管する企業会計審議会がつくる「監査基準」に沿って仕事をする。その中に、「監査の目的」という項目がある。そこにはこう書かれている。

「財務諸表の監査の目的は、経営者の作成した財務諸表が、一般に公正妥当と認められる企業会計の基準に準拠して、企業の財政状態、経営成績及びキャッシュフローの状況をすべての重要な点において、監査人が自ら入手した監査証拠に基づいて判断した結果を意見として表明する点にある」

確かに「不正の発見」という文字はない。でも、「財務諸表の表示が適正である旨の監査人の意見は、財務諸表には、全体として重要な虚偽の表示がないということについて、合理的な保証を得たとの監査人の判断を含んでいる。」との一文もある。山崎氏の発言を聞いて、「会計士は不正を見つけたくないのかな」と感じた。

その後私は、山崎氏の後を継いで日本公認会計士協会の会長になった森公高氏、その後の関根愛子氏、現在の手塚正彦氏にそれぞれ就任後にインタビューし、朝日新聞デジタル版の「法と経済のジャーナル」に掲載した。山崎氏の発言が頭の中にあって、森、関根、手塚の3氏に対し、「不正の発見は会計監査の目的でしょうか」という質問を投げかけてみた。

3人とも実は山崎氏と同じようなことを言っているのだが、発言する人の心の持ちようで受ける印象はまったく変わる。社会の期待に応えようとする意欲も感じた。抜粋で紹介したい。

森氏　「監査論で言えば、監査の目的は財務諸表に重要な虚偽表示がないかどうかを調べることだ。しかし、不正リスク対応基準ができたということは、不正に対し、監査人として真正面から取り組むことを社会が求めていると認識している。不正の摘発は目的ではないが、重要な虚偽表示につながる不正は発見しなければいけない」

関根氏　「監査基準にも書かれていることですが、不正もしくは誤謬かにかかわらず、重大な虚偽表示がないことを合理的な保証をすることが目的です。目的が不正の発見と言われると、『小さな発見も全部見つけるのか』ということになります。もちろん、重要な虚偽表示につながるような不正は発見しないといけません。また、不正を発見するという目的では、日本公認不正検査士協会という専門的な団体もあります。元会長（山崎氏）の発言の趣旨は、不正の発見を、それ自体を目的化するわけではないということだと受け止めています。監査は不正との戦いでもあるんです」

手塚氏　「不正の発見について、監査の一義的な目的ではないことは、不正リスク対応基準にも明記されています。ただ、重要な虚偽表示が不正を原因としたものであれば、それを指摘できなかったその責任は監査人にあるのかどうかを自省する必要があり、外部からもチェックされます。監査人は不正とは無関係ではないことは明らかです。不正に目を向けて、発見する、予防するんだ、という意識を持ち、市場からの期待に応える努力をすることが大切です」

ウッドフォード氏の解任をめぐる訴訟は、東京高裁でも原告である株主の権利弁護団の主張が退けられ、最高裁で審議されることになった。おそらく判決内容は変わらないだろう。それだけにオリンパスの巨額損失事件が日本の産業界に突きつけたコーポレート・ガバナンスや会計監査上の課題は、今もくすぶり続け、別の企業不祥事の形をとって日本の社会に現れているではないかと考えている。

２０１９年5月には、東京都内の株主があずさ監査法人に損害賠償を求めて提訴している。事件の発覚から10年近くたつが、オリンパス事件はまだ終わっていない。産業界が問われるのはこれからなのかもしれない。

第2章　東芝の混迷と教訓

後味の悪い会見

消化不良、あきらめ、敗北感……。会見が終わって、こんな感情が次々とわき起こってきた。日本を代表する大企業の経営トップは、最後の最後まで自分の都合を優先し、真実に目を背けたのでは、との思いがぬぐえなかった。自分の発言が、刑事、民事の裁判にも発展しかねない状況では、ある意味では当然の対応なのかもしれない。ただ、これまで多くの日本人にとって、「東芝」は一種のブランドだった。だが、この日は多くの記者がやりきれなさを感じ、「これが東芝か」との思いを残しながら会場を後にしたのではないか。

２０１５年７月21日午後、東京・浜松町近くの東芝本社。インフラ、パソコン、半導体など事業ごとの不正決算を調べていた第三者委員会による報告書の提出を受け、東芝の田中久雄社長らが記者会見を開いた。この年の４月に東芝が自ら調査を始めることを公表し、３カ月がたっていた。注目度は高く、記者やアナリスト３００人以上が詰めかけた。私は後ろの方に座ったが、前方にはテレビカメラの列がずらりと並び、田中社長らの姿はまったく見えなかった。

記者会見の時間は１時間50分と長く、記者たちは十分に質問ができた。だが、事実関係の裏付けや、その真偽を確かめようとする記者に対し、田中氏は「第三者委員会の報告書を見てほしい」を連発した。記者から自分自身の見解を聞かれても、「第三者委員会の指摘を真摯に受け止めたい」などとかわし続けた。

記者の中から「誠実に答えていないのでは」との声も出た。それでも、田中氏の回答は変わらなかった。

「この辺で最後の質問に」と東芝の司会者は言いながら、日本経済新聞の記者を指した。

この記者は意気込んだ。第三者委員会の報告書にあった、2012年9月のパソコンの不正な取引について取り上げた。

報告書には、当時の佐々木則夫社長がパソコン事業に対して、わずか3日間で120億円の営業損益の改善を求めたことが記されていた。200億円の営業赤字という部下の報告に対し、佐々木社長は「全くダメ。やり直し」とこれを許さなかったという。このため、事業を担当する幹部たちは、バイ・セルと呼ばれる取引きなどいくつかの手法で数字を積み上げたという。

バイ・セル取引はやや複雑だ。東芝はいったん部品を取引き先から調達し、それを台湾のメーカーに一度、販売する。そして、完成品にしてもらってうえで、それをその台湾のメーカーから買い戻してから、東芝として消費者に向けて販売するやり方だ。

これ自体に問題があるわけではなく、できるだけ安く部材を調達するため、一般的に行われているとされる。ただ、このとき東芝は、他のライバル社の製品も扱う台湾メーカーから価格の情報が漏れることをおそれ、台湾メーカーに納入する部材の価格を相手側に把握できないように実際の価格に上乗せして売り渡す「マスキング」という手法を採用した。

当然、買い戻すときにはその分が上乗せされるのだが、部品を台湾のメーカーに販売した時点で東芝の一時的な売り上げとなる。東芝はこれを利用して売上高を増やした。佐々木社長の要求に応え、結果的にマスキング価格などを使って119億円の損益をかさ上げしたとされる。

このマスキング価格は、第三者委員会の調べでは、2008年度は実際の調達価格の2倍だったが、2013年度は5倍となっていた。改めて考えてみると、価格情報の漏洩防止のために2～5倍にする必要があったのだろうかと疑問がわく。数%から数十%の上乗せで十分な気がする。年々、その割合が増えている事実から見ても、利益の水増しがエスカレートしていったのだろう。

第三者委員会の報告書によると、当時、副社長だった田中氏もこのときの119億円の損益のかさ上げにかかわっていたという。

日本経済新聞の記者はこれらのことを指摘し、「なぜ、このような常軌を逸するような上積み要求に対し、当時の田中さんはノーと言えなかったのか。企業風土のうえでここが東芝再生のポイント」と大上段に構えて田中氏に回答を迫った。

しかし、田中氏は動じなかった。余裕なのか、それとも余裕を取り繕ったのかは分からない。

「大変申し訳ないですけど、回答を差し控えさせていただきます」

予想はしていたが、みながっかりした。

「では」と、しぶとく同じ記者が、事件の本質の糸口をつかもうとパソコンの取引き手法について尋ねると、田中氏の口調は一変した。

バイ・セル取引について、紙を一切見ずに説明し始めた。自分が責任者だったこともあるためで、この仕組みを熟知していた。

田中氏は、2003年度にパソコンが大幅な赤字を計上したことを挙げ、「これを立て直そうと調達、設計、製造、販売など、あらゆる部署で様々な収益改善や構造改革のプロジェクトを立ち上げて対応した」と述べた。そして、「私が担当したのが調達で、いろんな部品がさまざまな形で使われていて、これを統一してコストダウンしようとした。その手法の一つがバイ・セル。米国も含め、他社もやっていた」と解説した。さらに、バイ・セルの説明と導入した経緯や当時の東芝の生産体制も含めて、懇切・丁寧な説明を6分間も続けた。バイ・セル取引が悪いことではないと理解して欲しかったようだ。けれど、記者の関心はそこではなかった。饒舌過ぎる説明に席を立つ人もいた。

この後、1、2問のやりとりがあり、司会者が会見の終わりを告げると田中氏が割り込んできた。「最後に一言だけ。（社長になった）2013年6月25日から2年と1カ月弱、メディアとアナリストのみなさんにはご支援、ご指導をいただいた。期待に応えられないばかりか大変な事態を生じさせたことに改めてお詫び申し上げる。ご支援に感謝申し上げるとともに引き続き東芝をご支援、ご指導いただきたく私の最後のお願いとさせていただきたい」

不祥事のさなか、人前に出ることはつらいことだろう。東芝の社長と言っても一人の人間でもある。まして辞任表明の会見。それゆえ、自分の首と引き換えに、東芝と、グループで約20万人の従業員のことを思って、「私の最後のお願い」をしたのだろう。であれば、なおさら、会見で包み隠さず、いや、できる範囲で良いので、説明責任を果たしてほしかった。それが東芝のため、これからの日本社会のためではないのか。それが私の印象だった。

自己監査か

第三者委員会の報告書には、コーポレート・ガバナンス上、考えさせられることが数多く記されていた。

東芝は、上場企業が選択できる3類型の中でもっと規律が厳しい形と言われる指名委員会等設置という形を採用した会社だ。米国型とも言われ、日本の上場企業約3500社の中でわずか70社（2％）ほどしか採用していない。このため関係者の間では東芝はガバナンスが進んでいるとのイメージがあった。しかし、実態はかなり危うい状況だった。

まず、取締役会の中に設置される監査委員会が機能していなかった。監査するどころか、逆に、疑惑を隠し立てする方向に動いていた。

監査委員会とは、通常の監査役と同様、社長ら各取締役の業務に対し、違法性や妥当性の面で問題はないかをチェックするのが仕事だ。問題が発覚するまでの監査委員長は、財務担当の元副社長だった。

その前任者も財務担当の副社長を経験していた人物で、会社の財務部門のトップに上り詰めた人の最後のポストだったことがうかがえる。

二人は財務担当の副社長として、パソコンのバイ・セル取引での部品の押し込み販売をしていた事実を知っていたとされる。第三者委員会は「(是正に向けて)何らかの権限を行使した形跡は見当たらない」と、監査委員長として職責を果たしてこなかったと結論づけている。

当時、監査委員の一人に、東芝の元法務部長がいた。この元法務部長は、2015年1月、パソコン事業の会計処理に不適切なことがないか確認を求めたことがあったという。だが、元副社長はこれを受け入れなかった。

2015年2月に東芝は、証券取引等監視委員会から検査を受けている。この影響なのか、元法務部長の監査委員は4月1日に再度、確認を求めている。だが、財務部門からきた回答は「会計は適正に処理されていて、不適切なものはない」という内容だった。元法務部長はしつこく、4月6日にも同様の申し入れをした。それにも元副社長は「今ごろ事を荒立てると決算が間に合わなくなる」と告げ、特段の対応は取られなかったことが第三者委員会の報告書に記されている。

報告書では、他の事業でも監査委員長を務めた元副社長について「自己がCFO(最高財務責任者)として黙認し、その後も継続していたことを監査するという、実質的な自己監査となっている」との指摘している。

そうなると、財務の責任者を監査委員や監査委員長に就かせる人事が間違っていたことになる。

法律上、監査委員や監査委員長を誰にするのか、特段の決まりはない。それどころか、監査役（監査役会設置会社）の場合で言うと、金融庁のコーポレートガバナンス・コードは、会社の財務に詳しい人が就任することを推奨している。元財務担当副社長を監査委員や監査委員長に充てる人事は適切だったとも言える。もっとも最近は、社外取締役を監査委員長に充てるケースが目立っており、財務担当者は委員会のトップである委員長職は避けた方がいいという見解が一般的なのだろう。

私はこの監査委員長も社長と一緒に、もしくは別の形で、不正会計について会見を開くことはできなかったのかと思っている。不祥事においては、監査委員長や監査役の職責は極めて重い。今回、社長だった田中氏は会見で「直接指示したという認識はない」と第三者委員会の報告書と食い違う見解を示している。果たして、監査委員長の認識はどうだったのであろうか。高い地位にいて、たくさんの人が彼の命令に従ったはずだ。高額な報酬も得ていた。株主、国民に対する責任を果たしてほしかった。

神の視点

２０１６年３月に出版された『新聞の正しい読み方』（ＮＴＴ出版）という本を読んでいたら、「神の視点」という言葉がでてきた。筆者の元日経新聞記者の松林薫氏は、図書館で10年前、20年前の新聞を読むことを勧める。当時は分からなかったそのニュースの本当の意味が手に取るように分かるという。まさしく、「神の視点」に立つということなのだろう。逆に言えば、そのときの出来事の真の意味を、リアルタイムで私たちは分かっていないということにもなる。

その意味から、改めて2015年7月21日の田中氏の会見を考えてみた。田中氏は、東芝に対する応援を求めたが、実はパソコンなどの不正会計はまだ序章だった。東芝はまったく膿を出し切っていなかったのだ。まだまだ他にも隠すべきものがあったため、田中氏は胸襟を開くことができなかったのではないか。最後に東芝への応援を訴えたことは、何とかこれで幕を閉じようとした田中氏の最後のあがきだったかもしれない。

東芝の屋台骨を揺るがす原発事業の巨額な損失が表面化するのは、それから4カ月後のことだった。

実は、2015年7月の田中氏の会見でも、東芝が2006年に6000億円を出して買収した米国の原発子会社ウェスチングハウスの経営状況を不安視する質問が記者から出ている。福島第一原発の事故の影響で世界的に原発の安全基準が引き上げられ、それに伴う安全対策費用も急上昇していたためだ。

これに財務部門担当の役員が自信ありげにこう答えた。「損益の8割以上は保守（点検）と燃料交換で安定した収益を上げている。日本国内の原発事業ともシナジーが実を結んでいる。大きな懸念は感じていない」

東芝は、これ以降、同じような回答を繰り返している。

東芝のホームページで公開している決算説明会の音声データを聞くと、財務担当の役員が２０１５年11月７日の説明会で、子会社のウェスチングハウスが米国の建設会社を買収したことを説明している。財務担当役員は、この建設会社を買収してすべて丸く収めることに成功したことを強調。そして「とにかくメリットのある買収」と力説した。係争事案が解決し、両社が一体運営し、かつ、ウェスチングハウスがイニシアティブを持てる形になったと説明した。ウェスチングハウスのほか、原発を発注する電力会社も満足していることも付け加えた。

そして、ウェスチングハウスの一部で業績が振るわずに損切りとなる「減損処理」をした事業があることを認めつつも、「東芝の原子力事業（全体）として減損する必要はない、兆候は見当たらない」と言い切った。

当時、東芝で最も大きな損失は原発事業にあるのでは、との観測がメディアの間で出ていた。東日本大震災の東京電力福島第一原発の事故以来、世界の原発に対する意識が変わり、安全対策は従来の比ではなくなっていた。建設中の原発であれば、安全対策費が膨大となり、建設費用や建設期間がこれまで以上に必要となり、結果的に事業としての採算性が懸念されることになっていった。それでも、東芝の経営陣は「残念ながら福島の事故以来、少しマーケティングはグローバルで冷え込んでいる。ただ、東芝としては、安全で、発電効率のいい原発は使ってもらわないといけない。廃炉事業もある。当社としては、原子力事業をさらに推進していく」などと強気の弁を崩さなかった。ウェスチングハウスを買収したことで、沸騰水型と加圧水型という世界で普及する二つの炉型で事業展開できることや、社内で組織を一体化して営業力を強化したことをアピールした。

しかしメディアは負けなかった。11月7日の説明会の5日後だった。2015年11月12日午後、日経ビジネスオンラインが「東芝米原発赤字も隠蔽」とスクープ記事を掲載した。

当然、新聞など他のメディアも追随する。同11月27日には室町正志社長が記者会見した。「開示が不十分だった。従来の姿勢を改めたい。適時適切に情報開示すべきだったと大いに反省している」と謝罪し、過去2年間で約1000億円以上の減損処理をしたことを丁寧に説明した。

同時にウェスチングハウスなど東芝の原子力事業の売上高は年5000億円前後で、平均すると200億円もの営業利益をあげていたことを示した。一定の損失を認めながらも、東芝は世界で計400基の原発の設置計画があることも明示し、このうち64基の受注という目標を下ろそうとはしなかった。

それが1年後の2016年12月下旬、「数千億円の損失の可能性」と突如、発表するにいたった。この段階では、まだ強気だった。

2017年2月には7000億円を超える損失を計上することを認めた。内実はドロドロだった。

東日本大震災を契機に増えた安全対策費は、想像以上に積み重なっていた。東芝傘下のウェスチングハウスは、米国の原発を建設していた工事会社と費用の押し付け合いになり、裁判にもなっていた。ウェスチングハウスはこの工事会社を買収することで問題の解決を図るという奇策に出たが、実はこれが損失の丸抱えにつながった。

東芝は2015年4月にインフラ事業の工事進行基準の会計に不正があるのでは、ということで特別調査委員会を設けた。その1カ月後に「疑惑はインフラ事業だけではなかった」と外部の弁護士らを中核とする第三者委員会に切り替えた。このとき、パソコンや映像、半導体の各事業も調査対象にすることを決めているが、今となってみると、なぜこのとき、原子力発電事業を外したのか悔やまれるところだ。もし、ここで原発事業を調べていれば、もっと早く、主体的に手を打てたのではないか。1年ほど時間を無駄にしたとも言える。

「あえて原発を外したのでは」との憶測も絶えない。日本弁護士連合会の「企業等不祥事における第三者委員会ガイドライン」では、企業などと協議のうえ、調査対象とする事実の範囲（調査スコープ）を決定するとある。「協議のうえ」とあることから、第三者委員会側からも、提案できることが推察される。対象範囲をどうするのかは、第三者委員会における一つの大きな課題となった。

結果的に、2017年3月、東芝の原発事業の中核だった米国のウェスチングハウス社は米国で破産法の適用を申請することになって、事実上、経営破綻した。東芝も屋台骨が揺らぎ、稼ぎ頭の半導体メモリー事業の大半を手放すことにつながった。そして、事態は日本の二つの大手監査法人を巻き込んだ争いに移っていく。

玉虫色

不適正意見ではなかったのか。

記者やアナリストはみな、この思いが頭をよぎったのではなかろうか。

東芝は2017年8月10日、PwCあらた監査法人から「限定付適正意見」を得て、ようやく2017年3月期の決算の発表にこぎつけた。不適正意見となった場合、上場廃止の可能性が極めて高くなるため、マスコミが注目していた。上場廃止になると、株主は市場での売買ができず、混乱は必至だ。資金調達も困難になり、事業継続は簡単ではない。

新聞各紙はこの限定付きの適正意見について、「玉虫色」「手打ち」と評しながらも、会計監査の問題が一定の解決に至ったと報道した。意外にマスコミが好意的な書き方をしているという印象を私は受けた。

案の定、大学教授や公認会計士などの専門家からは、「今後の監査実務に負の影響をおよぼしかねない判断だ」と疑問視する声が出た。

「『限定付適正』と聞いたとき、最初は『範囲限定』かと思った」と青山学院大学の町田祥弘教授は振り返る。だが、「範囲限定」ではなく、「意見限定」だった。「驚いた。監査報告書に記載されている内容を読む限り、不適正意見でもおかしくはなかった」と語る。

やや専門的な話だが、会計監査のよりどころとなる「監査基準」を読むと、限定付きの適正意見には二つのパターンがある。「範囲限定」と「意見限定」だ。

範囲と意見、どう違うのだろうか。

範囲限定は、監査を実施するうえで制約を受けたときに適用される。たとえば、記録がなかったり、閲覧を拒否されたりしたことで、監査するべき重要な一部が実施できなかった場合だ。

町田教授は、2017年3月期決算について、財務諸表全体については適正とするが、ウェスチングハウスに関しては部分的に監査を十分に実施できなかった、という判断だったのではないかと、第一報を聞いた際に受け取ったようだ。

だが、実際には「意見限定」だった。意見限定とは、財務諸表に虚偽表示がある場合で、つまり監査人からみて、財務諸表の一部に「間違いがある」ということだ。この場合、間違いがあれば、直すべきだと誰もが思うはずだ。監査法人も会社に直させるべきだが、今回、東芝はそれを拒んだ。

町田教授は「会社が説明する『監査人との見解の相違』という言葉は受け入れられない。今後、他の会社の監査においても、会社が監査人の指摘に納得がいかないときに『意見限定にしてほしい』と要求してくるおそれがある。それが通るかどうかは、仮に会社と監査人の力関係で決まってしまうとしたら大きな問題だ。監査人は適正な財務報告を実現する役割を担っており、会社に修正をさせるべきであったし、『どうしても修正しないというのであれば、不適正意見を表明するしかない』と言うべきだったのではないか」と語った。

東芝は監査結果を受け、同じ2017年8月10日に記者会見を開き、限定付適正意見に対する考え方を説明した。

問題となったのは、ウェスチングハウスの損失を計上する時期だ。東芝は2017年3月期（2016年度）を主張し、PwCあらたは2016年3月期（2015年度）だと対立した。つまり、損失の計上時期、それも1年、先か後かで大騒動になった。

ＰｗＣあらたは、２０１７年３月期から東芝の監査を受け持っている。その前は新日本監査法人だったが、パソコン取引きなどの不正会計を受けて、交替していた。

８月10日の会見である記者の質問に対し、新たに社長に就いた綱川智氏と平田政善専務は「どちらかが間違いなのではなく、見解の相違だ」との主張を繰り返した。

特に平田専務は「新しいプロジェクトのエビデンスと、旧プロジェクトのエビデンス、どちらに重きを置くかということ。ＰｗＣあらたは旧プロジェクトを重視したということだ」と説明した。エビデンスとは根拠となる事実のことだが、東芝がウェスチングハウスを通じて２０１５年12月に買収を完了した建設会社のＳ＆Ｗ（ストーン・アンド・ウェブスター）社について、どう評価するかの問題であることを強調した。前任の新日本監査法人も東芝の考えを支持したほか、別の監査法人の幹部だった東芝の監査委員長も会社の意見を全面的に支持した。新日本と、監査委員長の支持もあり、東芝は一歩も引かなかった。

東芝は買収後のＳ＆Ｗ体制を「新プロジェクト」と称し、Ｓ＆Ｗの業績が向上すると踏んでいた。だが、結果的にうまくいかず、２０１７年３月期において初めて損失計上の認識に至ったという。平田専務は「（買収前の）旧プロジェクトでは、作業員の方が腕を組んでいるだけで今日は何をしたらいいのだろう、という状態だった」と語り、Ｓ＆Ｗを買収によってこの会社をコントロールし、工事を推し進めようとしていたことを説明し、その時点では損失の認識に至っていないことを繰り返した。

上場企業約3500社のうち、ほとんどが監査法人による適正意見を得ている。限定付きの適正意見は極めて珍しい。日本公認会計士協会幹部によると、この10年ほどで5社ほどではないかという。この5社は、いずれも「範囲限定」だ。「意見限定」について、この幹部は「聞いたことがない」と答えた。それほど異例中の異例の判断だった。

たとえば、ある機械メーカー（東京）は2015年12月期決算で、監査法人から限定付適正意見を受け取った。理由として監査法人は、海外の取引き先に貸し付けた1億円の取り扱いについて、十分な監査証拠を入手することができず、金額が適正かどうか判断することができなかったとしている。明らかに「範囲限定」だ。また、三洋電機の2007年3月期決算で、あずさ監査法人が限定付きの適正意見を出したことがあったが、これも過年度の不適切な決算に伴う監査が終わっていないことが理由に挙げられており、「範囲限定」となる。たしかに意見限定はかなり特異なケースだ。

そもそも、なぜ、東芝とＰｗＣあらたはここまで意固地になったのか。「別に巨額な損失を隠したわけではない。単なる期ずれの問題とも言える」（日本公認会計士協会幹部）との声もある。

会計評論家の細野祐二氏が非常に興味深い見方を示している。ＰｗＣあらた監査法人が正しければ、東芝がこの巨額の損失の存在を知っていてS&Wを買収したことになる。つまり、2016年3月期に巨額な損失を認識していたとすると、東芝の経営陣は特別背任の罪に問われかねず、「買収時の損失は当時、予想できなかった」というしかない、との見方だ。非常に納得感のある見解だ。

では、監査法人はどうか。

「自分たちが監査を引き受けた期間に損失が出たとなると、監査法人も責任を問われかねない」と細野氏は分析する。特に、焦点となったウェスチングハウスは伝統ある米国の会社だ。「米国の監査法人は厳しい。日本の比ではない」（細野氏）と言う。米国ではクラスアクション（集団訴訟）も多発している。法的措置に備えた万全な態勢を敷いた可能性がある。

パソコンなどの東芝の不正会計を見抜けなかった新日本監査法人に対する処分も、ＰｗＣあらたの行動を先鋭化させたとの見方もある。

金融庁は２０１５年12月、新日本監査法人に対して21億円という巨額の課徴金と３カ月間の業務停止の処分を発表した。リスクアプローチや見積もりへの監査の不十分さを指摘し、「監査で果たすべき責任や役割を十分に自覚せず、法人内の審査態勢も十分に機能していない。経営に関与する社員はこうした状況を十分に認識していない」と指摘した。

業界の人たちが驚いたのは、金融庁の厳しさもさることながら、新日本監査法人が業務停止の期間中、営業部門だけでなく、セミナーの開催や調査・分析サービスの提供も含めてホームページのほとんどを閉鎖したことだ。ネット社会の現代で、異様な光景だった。

このほか、株主の権利弁護団はパソコン事案などの不正会計をめぐって新日本監査法人に対して株主代表訴訟を提起している。監査法人は厳格な対応が求められるようになった。

内部統制報告で不適正

今回の東芝の決算に関しては、もう一つ見逃せないことがあった。マスコミではほとんど取り上げられていないことだ。金融庁が導入した財務報告にかかる内部統制報告制度で、経営者は内部統制を構築し、その評価を有価証券報告書と共に公表する仕組みだ。

今回、会社が「有効」だとした財務報告に係る内部統制報告書について、監査法人がその内容を不適正な表示だとする内部統制監査報告書が公表された。会社と監査法人が食い違う意見を出す「ねじれ」は、制度が設けられて以降、初めてのケースとみられる。金融庁の担当者は「記憶にない」と驚いた。

内部統制報告制度は2008年度から始まった。米国で2002年にできたサーベンス・オックスリー法（SOX法）にならったものだ。

米国では2001年に電力のエンロン社が倒産し、大規模な粉飾決算が明らかになって金融市場は大きな衝撃を受けた。その反省から、経営者に対し、内部統制の構築を求めたのがSOX法だ。日本では2004年の西武鉄道の不祥事がきっかけとなった。親会社のコクドなどの持ち株比率が大半を占め、東京証券取引所（東証）の上場基準に違反していたのに、有価証券報告書には偽ってその事実を書かなかったという事案だ。

では、内部統制とは何かというと、ものすごい金額のお金の流れが発生している企業内で、これをよどみなく動かすため、幹部社員や従業員たちが法令を守って行動することをチェックし、それが継続する仕組みを整えることだ。チェックすべきことを文章化して、誰かが定期的に確認することも求められる。企業は顧客から注文を受けるなどして、調達・生産・販売し、請求書を出してお金を受け取るが、その過程で、ごまかしができないような体制をとることを経営者の責務にしたといえる。

内部統制の概念は幅広く、専門書を読むと、きちっとした経営をするために、社風や組織のあり様、命令伝達、人事、リスクへの対応、財産の保全、モニタリングなどの仕組みのほか、ＩＴ環境、情報の伝達方法など様々な概念がでてくる。これらを組み合わせ、融合させながら、経営者として全体に目配りしてください、という趣旨だ。経営者は、これらの内部統制は有効に機能しています、という報告書を毎年、有価証券報告書と共に提出し、この内容について、その妥当性を監査法人も監査しますよ、という仕組みで上場企業に義務づけられている。

あらためて言うと、東芝は２０１７年３月期において「内部統制は有効」という報告書を公表した。しかし、ＰｗＣあらたは、ウェスチングハウスの問題をとらえ、「内部統制が適切に運用されていない」と改めて指摘したうえで、「内部統制の不備が認められると判断した」「内部統制の評価結果について適正に表示していない」と全体としても不合格だと内部統制監査報告書で表明した。

２０１７年８月10日の東芝の記者会見で、ある記者が「証券取引所でも問題にしているが、内部統制に不備があるのか」と質問したところ、綱川社長は「今回の不備があると指摘された点は、損失の引き当て時期の認識とそれに伴う会計処理の１点。（経営破綻した）ウェスチングハウスは連結から外れ、不備が起こるような可能性はなくなった。内部管理体制の強化をやっており、不備はない」と予想された質問だったのか、よどみなく答えた。

上場企業を対象にした内部統制報告制度では、年に数十件、「開示すべき重要な不備があり、有効ではない」と会社が自ら報告している。それに対して監査法人もそれを「適正に表示されている」という内部統制監査報告書を出している。監査法人は会社の判断を追認している形だ。

アメリカでは、会社と監査人のそれぞれが内部統制を評価して、その有効性について報告することもあり、稀ではあるが、会社の評価結果と監査人の評価結果が異なる場合があるという。東芝とPwCあらたの意見の食い違いは、日本の内部統制報告制度が、その機能を結果として正常に発揮したケースなのかもしれない。

上場維持の判断

東芝は2015年9月、東証から特設注意市場銘柄に指定された。今後の東証の判断で、上場廃止になる可能性もあり、投資家に注意を促した形だ。東証が検討したのは「内部管理体制」の改善の状況だ。東芝は2016年9月に「内部統制確認書」を提出したが、東証側に「改善が不十分」とされ、2017年3月に再提出していた。

私の関心は、監査法人が否定した今回の内部統制報告書が、この上場の審査にどう影響するのかというところにあった。

ちなみに東証は、自分たちの制度の中で「内部管理体制」という言い方をする。金融庁など一般的な言い方の「内部統制」と微妙に違うが、同じ趣旨だと思える言葉だ。ただ、わざわざ違う言葉を使っているだけに、東証は内部統制報告と監査報告書の内容で直ちに上場廃止にはしないと規則で決めている。

これに対し、内部統制報告制度に詳しい町田教授は「言葉は微妙に違うが、同じ企業の『内部統制』であることに変わりはない。監査人による内部統制監査における不適正意見の持つ意味は重いのではないか。東芝は、ウェスチングハウスは連結から外れたのでもう関係ないと言っているようだが、監査人の不適正意見というのは、東芝の内部統制の評価に誤りがあるということにほかならない。内部統制の自己評価ができていないとされた会社が提出した内部統制確認書をもとに、東証は、改善が完了したと判断して上場維持を認めるという結論をどうやって下すことができるのだろうか」と疑問を投げかける。

財務諸表については、「限定付適正意見」でかろうじて上場廃止をまぬがれた東芝だが、内部統制制度の不適正意見は、上場廃止の判断に大きな影響を与える可能性があったといえる。

結果的に東証は、2017年10月11日に東芝の特設注意市場銘柄の指定解除を発表した。内部管理体制の改善が進んだという判断だ。発表文によると、「内部管理体制で改善策が講じられていることが認められた」とその理由を述べている。

東芝では、2年間にわたって次から次へと会計不祥事が発覚した。そのたびに記者会見し、対応に追われた。さらに追い打ちを掛けるような内部統制報告書に対する不適正意見。この不適正意見が上場を維持するかどうかの判断に否定的に影響しないというのであれば、確かにこの内部統制報告制度は何のためにあるのだろうか、との疑問が生じる。

もちろん、いたずらに上場廃止をするべきではない。もっとも迷惑を被るのは投資家だからだ。それでも、東芝における長期間にわたる迷走ぶりを振り返ると、考え込んでしまう。

東証のホームページには、上場廃止かどうかを検討してきた日本取引所自主規制法人の佐藤隆文理事長の記者会見要旨がアップされている。佐藤理事長はどんな説明をしているのか、見てみた。

佐藤理事長は、①東芝が出してきた数万ページにおよぶ内部管理体制確認書を精査した、②東芝の幹部社員ら数百名をインタビューした、③理事会を計18回開催し、それも1回につき最低1時間を費やした、ことなどを挙げて丁寧に審議したことを強調している。東芝の内部管理にあった「ゆがみ」「形骸化」「希薄化」「粗雑さ」「脆弱さ」について対策がとられ、一つ一つを確認したと述べていた。

一方で記者たちは、直感で聞いた。「大企業に対して甘いのでは」。

それに対し、佐藤理事長は「内部管理体制の整備ができたかどうかは、大きな企業であれ、小さめの企業であれ共通だ」などと否定した。

記者側もあきらめない。「決算の遅延を繰り返し、内部統制報告書については（監査法人の）不適正意見が出た。なぜ上場廃止にならないのか」と鋭い質問が出た。これに佐藤理事長は「その結果だけで判断するわけではなく、なぜそういう評価になったのか、何を原因としてそういう評価になったのか、監査法人はどういうロジックだったのか、その辺を見ていく必要がある。丁寧に見た結果として、東芝の内部管理体制に決定的な問題はなかった」と説明した。

それでも納得しない記者も多かった。その後も「粉飾決算をしても、反省しました。ごめんなさいと言えば許されるということでいいんですか」との質問もあった。これもその通りだ。

これに対し、佐藤理事長は「そんな単純なものではない」とかわしたが、不祥事が表に出れば、誰だって反省し、対策を講じる。それでいいのか、という疑問は拭いきれない。子どもだって大人だって悪いことが見つかれば、その直後は絶対やりませんと言う。問題は、それが継続できるのかということだ。また、ルール違反をした人には、それなりの処分をしなければ、組織が緩みだし、ルール自体が有名無実化することは過去にあちこちで繰り返されてきたことだ。

上場廃止をまぬがれた東芝はその2週間後の2017年10月24日、臨時の株主総会を開いた。メモリー事業の売却の承認を得るためと、PwCあらた監査法人が「限定付適正意見」という異例の意見だったため、決算書類が総会での承認事項になっていた。無事にメモリ売却は99%の賛成で承認されたが、2017年3月期の決算案は88%と低かった。綱川智社長の続投も86%と決して高いとは言えない数字だった。背景には、米国の議決権行使助言会社が反対を推奨したこともあり、海外の法人株主の一部が方針に反対したとみられる。

自社株買いの波紋

東芝は2018年6月、7000億円分にわたる自社株買いを公表した。すごい金額だ。

発表文の中で「今後、顕在化しうるリスクの規模を保守的（厳格）に見積もり、また、成長投資、安定配当の実現及び構造転換等に必要とされるコストなども勘案して、その方針を決定しております」と説明している。

この巨額な自社株買いに驚いた人もいたと思うが、実は2017年11月に6000億円の第三者割当の増資を発表した時点で、「東芝メモリ事業売却完了後は、当社グループの財務体質及び事業リスク等を勘案して、適切な株主還元施策の実施を検討して参りたい」と表明している。

増資の時点で自社株買いを匂わしている。実際に、6000億円の増資で資金の調達を公表してからわずか7カ月ほどで7000億円の自社株買いでお金を使った。調達した資金で株を買ったように見えるため、混乱してしまう。自社株買いのための増資だったのかという疑念を持つが、そうではない。

2017年度に6000億円の増資がなければ、東芝は債務超過を解消できずに上場廃止になって倒産していたかもしれない。この状態をしのぐために増資が必要だった。東芝の関係者は「増資を引き受けた人たちには大恩がある。この株主たちに報いるのは当然だ。設備投資のことも考慮した判断でもある」と正当性を主張する。

自社株買いは2018年11月以降、少しずつ進めている。この影響もあってか、東芝の株価は2

017年の前半は2千数百円（株式の分割を考慮）だったが、2018年は3千数百円台と上昇傾向だ。

東洋経済は、増資を引き受けたファンドが、東芝株の値上がりしたタイミングで売り抜けことを調べ上げ、「ファンドの高笑いが聞こえる」と報じている。会社法の研究者からも「偽計取引に当たるのではないか」との指摘も出た。つまり、自社株買いを前提に増資を引き受け、実際に値上がったところで売却した行為と見て、「まるで出来レース。一般株主がないがしろにされている」と問題視した。東芝に自社株買いする資金があるのなら、企業体質を強化する設備投資などにもっと回すべきだという。

6000億円の第三者割当をまとめたのが米投資銀行大手のゴールドマン・サックスだ。日本の金融機関ではなく、海外の60ファンドらをまとめ上げた。業界では「これだけの短期間で一気に話を進める。リスクを警戒する日本勢には無理だった」と評価が高かった。増資を決めた時点では、東芝の業績が回復しない可能性があっただけに、投資家として十分にリスクテイクしたともとれる。株価が上昇した時点で売却して利益を得ることは当然の行為でもある。投資業務に関しては、一枚も二枚も経験や意欲、能力の点で海外勢が上手だったということだろうか。

とらえ方、考え方はいろいろあると思うが、金融市場にたけ、カネを集める力を持った米国の投資銀行とファンドの力をまざまざと見せつけられた。これが金融資本主義の実態なのだろうか。それでも、見方によっては増資した直後の自社株買いには不自然さを感じる。リスクを取ったことは理解するが、果たしてこのような行為がどこまで許されるのか、この東芝の増資案件をきっかけに議論が深まってほしいと考えている。

不祥事が発覚した後も対症療法で済ませ、結果的に事態を悪化させた東芝。監査法人の対応も、証券取引所の判断にも、最後の局面でことなかれ主義が潜んでいるように感じた。米国の金融資本主義のすごみやその実態も垣間見えた。

東芝という会社は誰のもので、誰のために、何のために存在するのか。経営危機がさった今こそ、この5年間を振り返って考えてほしいものだ。

第3章　日産自動車の相克

夜回り

午後7時過ぎ、駅でトイレを済ませ、コンビニで小型のカイロを三つ買い込む。カイロは、ズボンの左右ポケットに1個ずつ入れる。あとの1個はワイシャツの上から腰の後ろに貼る。これだけ暖かくしても、夜も11時ごろになると、寒さがこたえる。つま先もしびれてくる。200メートル先に自動販売機がある。ダッシュして、ホットレモンと温かいコーンスープのボタンを押す。温かい。コーンスープを少しずつ飲み、ホットモンはポケットに入れ、暖をとった。

日産自動車のカルロス・ゴーン前会長が逮捕されたのが2018年11月19日。晩秋のころだった。そのころから、西川広人社長の自宅の入り口にある坂道に毎晩、10人前後の記者が集まるようになっていた。みな通行人の邪魔にならないように道路の端に一列になって西川氏の帰りを待った。通行人を驚かせてはいけないと思うが、10人前後の大人の男女が張り付いている光景はやはり日常ではない。近所の人らに申し訳ないとの気持ちでいっぱいだった。

大事件の場合、記者は夜回り活動で情報をとる。これは極めて非効率な取材活動で、やっているほうもつらい。社会的な地位のある人とは言え、受ける方だっていい気持ちはしない。でも、大事件の場合、こんな理屈が一時的に吹き飛ぶことがある。

私も毎日ではないが、これに加わった。本来なら、こんな内輪話はあまり明かすべきではないと思う。夜回りで聞いた話は原則、オフ・レコード（記録しない＝オフレコ）、もしくは「ダイレクト・クオートなし（発言者を特定させない形で報道する）」というのがメディアの原則だ。取材先との関係を大切にするためだ。部外者には、会ったことさえ言ってはいけない。

今回はちょっと違った。ゴーン前会長逮捕は世界的なニュースで、家の前ではテレビカメラが張り付く状態となり、西川社長が自宅前で発言する様子がテレビニュースで当たり前のように流れた。記者会見と同じような「オン・レコ」状態になった。ただ、西川社長は口数が少ない。「お疲れ様です。失礼します」だけで終わる日もある。徒労だが、いかんともしがたい。

いつも帰ってくるわけではない。夜11時が過ぎると、1人去り、2人去る。冷たい小雨が降っていたある晩、午前1時を迎え、どこかの会社の記者と2人きりになった。まもなく、その一人が「私はここで」と去っていった。気がつくと私だけになった。寂しいものだが、「あと15分」を2回繰り返し、午前1時30分になったところであきらめた。「今日は帰ってこない。泊まり込みか、出張か」と判断し、取材班のキャップの携帯に電話し、「一人となった」と連絡すると、「お疲れ様でした。引き上げてください」と指示があった。終電が終わっている。駅まで5分ほど歩いてタクシーをつかまえて帰った。自宅に着いたのは、2時半ごろ。翌朝の予定が午前10時だったのが幸いだった。

訂正したガバナンス報告書

日産自動車の本社は、横浜市が開発を進める「みなとみらい21地区」にある。その本社の200メートル北西にはJR横浜駅。1日の乗車人員42万（2017年度）は新宿、池袋、東京に次ぐ。横浜駅から帷子川（かたびら）にかかる都会的なデザインのペデストリアンデッキに上がると、開放的な港町・横浜を感じることができる。デッキを渡ると、日産が「グローバル本社」と呼ぶ施設だ。

本社の建物に足を踏み入れると、眼下に巨大なスクリーンやステージのある日産ギャラリーが広がる。新車を展示した華やかな光景だ。窓際にあって外光をふんだんに採り入れたカフェもあり、商談している社員の様子も一つの都会的な風景だ。

ゴーン前会長が横浜市の誘致を受け入れ、本社の移転を決めたのが2004年6月。ちょうど倒産の危機をルノーの資本参加で切り抜け、業績の回復が見えてきたころだ。当時の新聞記事を読むと、東銀座にあった社屋が老朽化し、「創業の地」でもある横浜に戻るとの記述があった。東京の大手町や丸の内など都心にこだわらない姿勢は、いかにも外国人の社長で、いさぎよかった。実際に2009年夏に移転し、港町から日産は世界に打って出たような印象を受けた。

それから10年余り、ゴーン前会長の逮捕から2カ月が過ぎた2019年1月24日午後10時、横浜のグローバル本社の会議室には、報道陣約100人が詰めかけていた。多くが東京から来た記者だ。

予定よりも30分以上も遅れ、記者たちが新聞の早版やテレビのニュース番組を気にしているころ、西川広人社長がいつも通り、一人で姿を見せた。

会見が遅れたのはルノーの取締役会が終わるのを待っていたためだ。西川社長は、①直前にルノーがカルロス・ゴーン氏を会長兼CEOから退任させ、後任にジャンドミニク・スナール氏を充てる人事を決めたこと、②日産もゴーン前会長と前代表取締役でグレッグ・ケリー被告の2人の取締役解任のために株主総会を4月に開くこと、を淡々と語った。7分ほどの説明が終わり、記者との質疑応答に移った。最初の質問者はNHKの記者だった。

「西川社長はゴーン前会長の不正を止められず、法人としての起訴も招いた。経営責任は極めて重いと思われますが、ご自身の進退についてうかがわせてください」

西川社長は一瞬、詰まった。その後、言葉を選びながら慎重に答えた。

「え〜とですね、確かに、ガバナンスでこういう状態を招いたということは、私を含め過去の経営陣の責任は当然、重いと思う」と「ガバナンス」という言葉を自ら口にした。そして、進退についても「責任を果たしてから、今おっしゃったような責任をとることを考えていく」と遠くない時期に辞任することを示唆した。

ここで西川社長が言った「ガバナンス」とは、経営者を監視し、律する仕組みだ。コーポレート・ガバナンスの最大の目的と言える。西川社長が常務執行役員になったのが2003年、取締役に就いたのが2005年だ。長らくゴーン前会長を支え、引き上げられたことは疑いのない事実で、この間、強固なコーポレート・ガバナンスを構築できず、その運用も十分ではなかったことを認めた。

では、日産のコーポレート・ガバナンスは、どんなところが不十分だったのか。

東京証券取引所（東証）のホームページから閲覧できる「コーポレート・ガバナンス情報サービス」を見てみた。この東証に提出するコーポレート・ガバナンス報告書では、コーポレート・ガバナンスに関する基本的な考え方を書いた後、「コードの各原則を実施しない理由」を記述することになっている。ここでいうコードとは、金融庁と東証が２０１５年６月に策定したコーポレートガバナンス・コードのことで、新聞では「企業行動原則」との日本語訳がなされている。コードの内容は、独立社外取締役を増やすことや、積極的に会社の情報を公開していくことなど計78項目。この項目について、その考え方に従って対応するか、それとも守れないのか、守れない場合はその理由を記述することになっている。各企業が自らの考えで、これら個々の原則を守らなくとも、まったく、おとがめはない。その代わり、その理由をきちっと説明してくださいよ、というのがルールで、そのことを、コンプライ・オア・エクスプレイン（遵守するのか、それとも遵守できない理由を説明するのか）と呼んでいる。

日産は２０１８年、このコーポレート・ガバナンス報告書を２回、書き換えている。

２回目は２０１８年12月25日。これが5カ月前の同年7月に出したものとは様変わりしていた。わずか半年間でここまで違ったものになることがあるのかと思うくらいだ。

まずは、事件前の7月に出したものを見てみたい。

特徴的なことがあった。日産は二つばかり、エクスプレイン（説明）していた。そこには、やはりというか、ゴーン前会長の力を推察できることが書かれていた。

それは、社長ら経営者の後継者計画と、役員報酬についてだ。いずれも今回の事件と密接に結びついているので、詳細に見ていきたい。

まず、後継者計画についての部分だ。コードではこう定義する。

【補充原則4の1③】取締役会は、会社の目指すところ（経営理念等）や具体的な経営戦略を踏まえ、最高経営責任者（CEO）等の後継者計画（プランニング）の策定・運用に主体的に関与するとともに、後継者候補の育成が十分な時間と資源をかけて計画的に行われていくよう、適切に監督を行うべきである。

これに対し、日産はこう書いた。

「最高経営責任者等の後継者計画については、代表取締役が責任を持ってあたっている。また、経営陣幹部の選任については、エグゼクティブ・コミッティーメンバーの役員等から構成され、最高経営責任者を議長とする人事委員会での検討を経て決定している」

ちょっと失礼な言い方だが、最高経営責任者の後継について、代表取締役が責任を持ってあたっているのは当たり前のことではなかろうか。極めて一般的なことで、これで説明したことになるのだろうか、というのが私の感想だ。少なくとも、コーポレートガバナンス・コードは、きちんとした後継者計画をつくって、客観的な対応してくださいと言っている。次の社長は今の社長が決めるという日本の慣習をもうやめませんかという思いが込められている。

次の社長を決める力は、権力の源泉と言っていい。この力に誰もがなびく。その状態では、社長を誰も監視できず、暴走を許してしまう。だからきちっと計画を立てて複数の人で決めていきましょう、というのがコードの趣旨だ。日産のこの文章で、うちに限って後継者計画が必要はないという理由を十分に説明しているとは思えない。

日産の当時の代表取締役は、ゴーン前会長、西川社長、グレッグ・ケリー氏の3人だった。権力者がゴーン前会長であることはみんな分かっている。であれば、ゴーン前会長がどのくらい優秀で、かつ公明正大でまかせていいんだということを書けば、まだ説得力のある文章になったのでは、と思う。カリスマはカリスマとして、扱うべきだったのではないか。少なくとも、エクスプレインをするにしても、もっと別の言い方があったはずだ。

その後に「経営陣幹部」とあるのは、代表取締役以外の取締役のことだろうか。こちらは人事委員会が設定されているが、ゴーン前会長と関係のないことは委員会をつくって対応しているようで、本来の趣旨を曲解しているともとれる。

もう一つのエクスプレインは、経営者のお手盛りにならないように、役員の指名と報酬に関する委員会をつくってはどうですか、という指針だ。具体的なコードはこうなっている。

【補充原則4の10①】上場会社が監査役会設置会社または監査等委員会設置会社であって、独立社外取締役が取締役会の過半数に達していない場合には、経営陣幹部・取締役の指名・報酬などに係る取締役会の機能の独立性・客観性と説明責任を強化するため、取締役会の下に独立社外取締役を主要な構成員とする任意の指名委員会・報酬委員会など独立した諮問委員会を設置することにより、指名・報酬などの特に重要な事項に関する検討に当たり独立社外取締役の適切な関与・助言を得るべきである。

これに対し、日産はこんなエクスプレインをしている。

「各取締役は、取締役会議長の提案をもとに、取締役会の決議を経た選任議案に基づき選任されている。各取締役の報酬の決定手続きとしては、取締役会議長が、取締役会の決議及び代表取締役との協議に基づき、独立社外取締役の助言、各取締役の報酬について定めた契約、業績、役員報酬のコンサルタントであるタワーズワトソン社による多国籍企業の役員報酬のベンチマーク結果を参考に、決定している。独立社外取締役は、取締役会において、積極的に議論に参加するなど、豊富な経験と高い見識に基づき、役割・責務を十分に果たしていただいている。これらを踏まえ、現行の仕組みで有効に機能していると考えている」

まず、「各取締役は、取締役会議長の提案をもとに、取締役会の決議を経た選任議案に基づき選任されている」という部分に注目したい。

これもどうかと思う。一部は会社法でも決まっていることだ。より緩やかなコードという手法で企業として追加してやるべきことを示しているのに、法律で義務付けられていることを書かれても、読み手は戸惑ってしまう。あまり、エクスプレイン（事情を説明する）の材料になるとは思われない。

注目したいのは、取締役会議長の役割を強調していることだ。議長が自ら提案していいのかと思うが、日産の取締役会議長はゴーン氏で、この権力構造を変えないぞ、という意思表明とも深読みできてしまう。指名と報酬の決定権を経営者が持つことで、経営者は権力を握れる。これを委員会という合議制にすると、その権力は大きく後退する。それがいやだったのだろうか。

この二つのエクスプレインを読んでも、コードの趣旨に対する反論や弁明にもなっていない気がするが、どうだろうか。

しかし、この２０１８年7月の日産のコーポレート・ガバナンス報告書やそれ以前の報告書がマスコミで問題になったり、話題を呼んだりしたという話は聞かない。本来なら、アナリストやマスコミが「制度を軽視しているのでは」と問いただすケースだったのかもしれない。私も気づかなかった。コードで要請された「経営トップの後継者計画」「社長らの役員報酬や役員を指名する委員会」がないことを日産側にぶつけ、日産のガバナンスの脆弱性を議論するべきだったのかもしれない。

今度は、事件後の２０１８年12月25日に出した報告書を見てみよう。まず目に飛び込んでくるのが、「当社前代表取締役会長らによる重大な不正行為を受け、独立した第三者の提言を適切に採り入れるため、独立社外取締役3名及び独立第三者委員4名で構成されるガバナンス改善特別委員会を設置し、ガバナンス改善策の検討を行う予定である」という記述だ。数えてみると、報告書の中に8回もでてきた。つまり、ゴーン体制においては、これだけガバナンス上の不備があり、ガバナンス委員会の検討事項になっていることを意味したものだ。

ちょっと気になったのが、これらのエクスプレインの中にある「重大な不正行為を受け」という表現だ。ゴーン氏を会長から外したのが、２０１８年11月で会長ではなくなったが、それでも日産の取締役であることに変わりはない。取締役を解任することは取締役会ではできない。なぜなら、取締役は株主総会で選ばれているためだ。結果的に２０１９年4月8日の臨時総会で解任されたが、この時点ではまだ立派な取締役で、ゴーン氏に対する社内調査結果も公表されていない。

日産は、２０１９年3月27日に公表したガバナンス改善特別委員会の報告書で、ゴーン前会長の重要な不正事実を列挙したが、これ以外に会社側の直接出した広報資料はほとんどない。あとは西川社長らの記者会見ぐらいだ。当然、刑事事件も確定していない。それなのに「重大な不正行為を受け」と言い切っていることに驚いた。刑事事件では、社会的には判決が確定するまで推定無罪の原則が適用される。メディアでも、逮捕された人は容疑者であり、起訴された人は被告だ。会社は「不正行為」と断じているが、もう少し別の表現があったのでは、と思った。

結果的にこの年の9月に「元会長らによる不正行為に関する社内調査報告」が開示されたが、裁判を理由に概要版だった。

不思議な報酬欄

見逃せないのが、日産自動車の有価証券報告書にあった報酬に関する項目だ。金融庁の決まりで、1億円以上の報酬をもらう人の名前と金額を種類別に書くことになっている。2010年6月に日産が提出した有価証券報告書を見ると、ゴーン氏ら6人の取締役の名前が出ている。このときゴーン氏（当時は会長兼社長）が8億9100万円で、次のカルロス・タバレス氏（当時は副社長）が1億9800万円、コリン・ドッジ氏（当時は副社長）が1億7600万円、志賀俊之氏が1億3400万円などと続く。

ここまではいい。2011年6月に提出した有価証券報告書を見た。この年は7人載っている。ゴーン氏の欄には「総報酬982」（単位は百万円）とある。内訳もある。「金銭報酬982」「株価連動型インセンティブ受領権　0」とあった。

株価連動型インセンティブ受領権とは、株価が上昇すれば、その差額を受け取ることができる仕組みで、ゴーン氏はなぜか0円だった。他の役員はどうか。志賀氏は「42」とある。4200万円を受領している。他の5人もそれなりに受け取っていて、6人を足すと1億9600万円だった。なぜゴーン氏がゼロなのか。

ゴーン前会長を告発した金融庁の証券取引等監視委員会によると、この年のゴーン氏の報酬は17億7700万円であったにもかかわらず、9億8200万円分しか有価証券報告書に記載しなかったという。約8億円を隠していた計算になる。メディアの中には、株価連動型インセンティブ受領権の分を隠していた、と報道したところもあった。

ゴーン前会長は「確定していない報酬で記載する必要はなかった」という趣旨の供述をしているという。捜査当局の調べでは、隠していたとされる報酬は8年間で、約91億円に及ぶ。ゴーン前会長は容疑を否認しており、犯罪行為だったのかどうかは最終的には裁判の結果を見守るしかないのだが、国外に出たため、今後の動向は不透明だ。他の役員は一体、この「0円」をどのように見つめていたのだろうか。

私の知る限り、この株価連動型インセンティブ受領権の「0円」にただ一人、疑問を持った人がいた。

たまたまこの人と昼食の約束をし、雑談で教えてもらった。名前を出さないよう依頼されたので、匿名にするが、上場会社の株主総会の分析を仕事にしている男性だ。

この男性は数年前のことだと記憶している。ゴーン前会長の報酬の記述を見て、不思議に思った。「外国人の高額報酬は、ほとんどのケースで業績連動型が影響しているはずなのに」と日産に電話で問い合わせたという。だが、明確な回答は得られなかった。今も違和感を覚えたままで、この事件が報道され、問い合わせしたことを思い出したという。

2020年新春のある会合で、元日産首脳と会った。ゴーン前会長の株価連動型が「0」だった疑問をぶつけると、「最高で10億円という枠があった。そのせいでしょう」と私に言った。当時、一人総額10億円（年間）という上限を決めていて、10億円に達すれば、株価連動型は意味がなく、ゼロになるとの説明だ。過去の有価証券報告書からゴーン前会長の報酬総額（金銭報酬）を見てみると、わずかに上回る年もあるが、おおむね10億円前後で推移している。10億円という目安があったことが推測できる。となると、上限10億円と決めたのは誰なのか。どんな意味があったのか。ゴーン前会長の報酬隠しの疑惑とどんな関係があったのか。そもそも業績連動型は何だったのか。違法出国で、なぞは残ったままだ。

役員報酬は、その総額を株主総会で定めるよう会社法で義務づけられているが、詳細な決め方などは表に出ることはなく、「株主の監視の目が届きにくい」と海外の機関投資家などから、日本の開示基準の甘さが問題視されていた。

海外では報酬が高額な分、詳細な説明を求められている。２０００年代に入り、欧米諸国では、株主総会で株主が役員報酬の賛否を投じる「セイ・オン・ペイ」の導入など、株主による監視を強める方向で規制を強化してきた。企業に対し、業績連動型の目的や算出方法などの説明を義務づけており、「日本とはレベル感が違う」（金融機関幹部）というほどだ。

では欧米ではどのくらい説明を求めているのか。米国のヘルスケアや医薬品を生産・販売するジョンソン・エンド・ジョンソンを見てみた。ここの年次報告書の資料を見ると、役員報酬の項目だけで45ページもあった。日本はせいぜい数ページで、確かに段違いだ。

ジョンソン・エンド・ジョンソンでは、役員の個別開示を基本としている。報酬の考え方から始まり、業績との関連、目標達成の場合の上限と下限、業界内との比較、過去3年分の比較などふんだんに表も盛り込んで分かりやすくしている。

報酬はすごい。ＣＥＯは２０１７年の報酬として、２９８０万ドル（約33億円）を得ていた。コンサルタントが入って、客観性のある仕組みを提供しているというが、数十億円という金額にはいつも驚いてしまう。

社長の報酬は従業員の何倍か

欧米の高額報酬は、日本で奇妙な実態を生み出している。日本人のトップよりも、部下の欧米人の方がたくさんもらっているという現象だ。トヨタ自動車の豊田章男社長の報酬は、２０１８年３月期で3億８０００万円だった。ところがディディ・エルロワ副社長は10億２６００万円で、圧倒していた。取締役12人の総額が19億１７００万円で、一人で半分を持って行った形だ。

ただ、日本人の経営者の報酬も確実に増えている。東京商工リサーチのまとめでは、２０１９年3月期決算の上場企業の役員報酬で、1億円以上を受け取った役員は２７５社の５６４人に上り、前年の２４０社５３８人を上回って過去最多になった。

米国では、ペイ・レシオ（ｒａｔｉｏ）という考え方が広まっている。ペイは支払いで、レシオは比率のことだ。社長が平均的な従業員の何倍もらっているかを開示する制度だ。日本の金融機関によると、米国の主要企業の平均で70対1という数値があるという。労働者が平均５００万円だとすれば、ＣＥＯは3億５０００万円をもらっている計算だ。日産はどうか。２０１８年3月期の有価証券報告書によると、平均年齢が42・5歳で年収は818万円とある。記載上、ゴーン前会長は7億3500万円で90対1だ。容疑事実を加味すれば、24億9100万円で約300対1になる。ちなみに西川社長は4億9900万円で61対1だ。

どのくらいの割合が適当なのか。人間の能力なんて、そんなに変わらない気がする。誰しもが経験する受験を考えると、90点以上取れれば、いわゆる超難関高校や大学に入れる。それに継ぐ名門校は80点か。これを考えるとせいぜい1・5倍の差ではないか。人間が8時間働けば、誰しもが疲れる。その3倍の24時間を集中できる人間はいない。

日本のペイ・レシオはいくらか。統計的なものはないため、経団連会長会社である日立製作所を見てみたい。2019年3月期の有価証券報告書によると、従業員の平均給与は894万3244円（42歳）。東原敏昭社長は3億6900万円とあるので、41倍だ。米国でも70倍で、そんなに日米で大きな差があるようには見えないが、米国では一部で超高額報酬が支払われるのかもしれない。日本企業の場合、これまで社長・会長で10年、さらに相談役・顧問で数年間、会社に居続けるケースが多く、秘書や車など手厚い待遇もあることから、「全体とすれば、役員報酬は欧米とさほど変わらない」との指摘もある。1年間では比べきれない面もある。

「そんなにもらってどうする」

私は2018年春までの3年間、東北の三陸地方に勤務した。好んで漁業の取材にでかけた。漁師たちは、早朝から船を出し、全身厚手のカッパで何時間も船上で過ごしていた。寒さ、暑さも容赦ない。トイレもままならない。それでもカキ養殖の若い人に給与を聞くと、月16万円と言っていた。米国の経営者はときに「グリード（強欲）」とやゆされるが、その通りだと思う。国際的に見て低い役員報酬は日本人が誇っていいと思う。

経済同友会の小林喜光代表幹事（三菱ケミカルホールディングス会長）も２０１８年12月の記者会見で、欧米の経営者が得ている高額報酬に対し疑問を投げかけた。「（年間）１億円以上もらってどうするんだ。一体何が正しいのか」と述べた。２０１６年3月期に小林氏も1億１００万円の報酬を得ているが、欧米の同業者について、「年30億～50億円の法外な報酬を得ているが、うらやましいとは思えない」と語った。

欧米の報酬体系は業績連動型が中心で、リスクを取って積極的な事業展開を図る要因になっていると言われる。報酬の決め方を投資家に詳細な説明もしているが、小林氏は「どんな説明も『へ理屈』だ。日本は『三方良し』の精神で社会のことも考えている」と日本の方が適正であることを強調した。さらに、「報酬で経営者はリスクを取るのか。それは違う話では」と譲らなかった。経営者は自分の会社を維持・発展させるため、リスクをとるのであって、それは社員の期待にこたえ、取引先を安心させ、顧客を喜ばせ、社会に貢献していくという思いや自負があるからだという。傾聴に値する発言だ。

欧州も米国ほど高額ではないらしい。２０１６年、仏ルノーで、ＣＥＯとして受け取っていたゴーン前会長の報酬が反対多数で「否決」されたことがあった。２０１５年の報酬は約８億円で、これに54％が反対した。拘束力はないが、ルノーはその後、変動部分などを見直して透明化を図った。

ゴーン前会長の事件の背景について、大学教授や弁護士から同じ声を聞いた。「日本の開示基準が緩く、欧米は厳しい。ゴーン氏は日本の整備の遅れを突いたのかもしれない」。フランスでやりにくいことを日本でやったということで、それが結果的に法律違反に問われた、という推論だった。なるほど、と聞いていた。

人事コンサルタントのウイリス・タワーズワトソンによると、日本の役員報酬では固定が5割。米国は固定が1割で9割が業績連動、欧州は3割近くが固定となっている。売上高が1兆円以上の企業のＣＥＯの報酬（中間値）を同社が調べたところ、２０１８年で米国は14・８億円で、仏は５・３億円、日本は１・６億円だった。

日本でも報酬の開示のあり方が見直されている。日産の事件とは別に、法務省などが動き出し、企業経営の透明性を高めるため、役員報酬の開示を拡大する。上場企業では、各取締役の報酬を社長が決めるケースが多いとされ、社長に一任した場合は株主総会などで公表を義務づける。また、報酬の考え方なども総会資料に明示してもらい、株主による経営陣の監視を強化する。法務省の法制審議会会社法制（企業統治等関係）部会で議論を重ね、２０１８年12月中旬に合意して、国会に提案し、２０１９年12月に成立した。今後、①報酬の目的や方針、②業績連動型を採り入れている場合はその方法、③現金、株式など報酬の種類、などの開示を義務づける。

金融庁も法務省と同様に役員報酬の決め方などを細かく開示することを決め、２０１９年３月期決算の有価証券報告書からスタートした。

日産も２０１９年６月に有価証券報告書を提出し、役員報酬の説明は前年の１ページから３ページに増えていた。最後にこんな記述もあった。

「取締役の報酬は、取締役会長が、各取締役の報酬について定めた契約、業績、第三者による役員に関する報酬のベンチマーク結果を参考に、取締役会から付与されていた取締役報酬の配分の決定権限に基づき、代表取締役と協議の上、決定していた。当社は、当社の元取締役会長カルロスゴーン氏らによる重大な不正行為を受けて、取締役会長に対する取締役報酬の配分の決定権限の付与を撤回した。以後、取締役の報酬配分は、独立社外取締役委員会において、都度、審議したうえで、取締役会において決定している。当社は、その後、令和元年6月25日付で、指名委員会等設置会社に移行した。平成30年度の業績に連動する変動報酬は、報酬委員会において決定している。なお、当社元取締役会長らによる不正事案等による一連の問題を踏まえ、当社代表執行役社長兼最高経営責任者の西川廣人氏は、同氏の報酬の一部を辞退した」

ゴーン時代は異常だったと言いたいようだ。

前向きな女性理事長

有価証券報告書は、監査法人による監査を受けている。日産自動車の監査法人は何をやっていたのか。

日産の有価証券報告書（2019年3月期）を見た。担当はEY新日本監査法人（旧新日本監査法人）で4人の会計士を中心に会計士とスタッフ約100人体制で取り組んでいた。監査法人に対する支払額は子会社も含めて7億7400万円だった。

新日本監査法人は「問題はない」という適正意見を出し続けてきた。ただ、監査の対象は、有価証券報告書の全体ではないという。監査するのは、貸借対照表や損益計算書などの経理関係で、役員の報酬の開示部分は対象外と説明する。一方で、役員の報酬など有価証券報告書全体に目を通してはいるという。「数字の整合性があっていればそれでおしまい。いい悪いは会社に対しては言えない」（関係者）という状況だ。「それがよくない。監査の限界を自らつくりだしている」と指摘する研究者もいた。

2019年7月17日、青山学院大学であったシンポジウム「会計サミット」で、興味深いやりとりがあった。司会役の町田祥弘・同大教授が日産自動車のゴーン前会長の事件を取り上げ、パネラーの一人の片倉正美・EY新日本監査法人理事長にたずねた。「監査人は報酬のところを読んでいるのでしょうか」。

片倉理事長は、有価証券報告書にある役員報酬の欄など「（財務諸表以外の）その他の部分」について、「監査の対象ではないが、監査人は通読することになっている。その結果、修正が必要な重要な相違があると判断した場合は、企業に修正を求める」と説明した。「通読」だけではなく、さらに深い検討を求める動きもあり、今後、議論が必要だとも付け加え、前向きな姿勢を見せた。

ゴーン前会長の事件が報道されてから、こんな監査や有価証券報告書の実態を知人らに説明すると、多くの人から「意外だ」「そうなの？」と反応があったという。片倉理事長は「ここに『期待ギャップ』がある。（監査の実態を）しっかりと外に向かって説明していきたい」と語った。

片倉理事長は「（役員報酬の情報開示は）企業のガバナンスを見るうえで大切な情報の一つだが、監査の対象外で、監査人の責任の対象外でもある」と慎重な言い回しをしながらも、「社会からの関心が高まっており、監査法人としてもガバナンスに対する情報開示について、今後、積極的に企業と話し合っていきたい。企業との向き合い方を変えていく時期に来ている」と改革に意欲を見せた。実は7月1日に理事長に就いたばかりで、大手監査法人としては初の女性のトップとして注目されている。これまで会計士というと、なにごとにも慎重で外部に向かっては基本的に何もしゃべらない存在だった。そんな会計士のイメージを変えてほしいと思った。

ゴーン前会長の事件と会計監査を考えるにあたり、監査法人の中には「重要性の基準」を考えるべきだという人もいる。監査において用いられる概念で、金額の多い取引きが監査の対象になり、些細な数値を監査しても意味がなく、こだわっていては時間の無駄になるという考え方だ。

それもその通りだ。

日産自動車の年間売上高（連結）は約12兆円でこの数年は５０００億円前後の当期利益を上げている。ゴーン前会長が隠していたとされる報酬は年10億円程度とされ、５０００億円の０・２％だ。

監査のうえで無視していいのか微妙な数字ではあるが、経営トップの報酬は社会の関心事項であることは間違いはない。適正に表示されているか監査してほしいところだ。

監査と同じように、法にふれるかどうかでも、「重要性」が問題となる。これは金融商品取引法の規定で「10年以下の懲役若しくは千万円以下の罰金に処し」という罰則を科す条件に「重要な事項に虚偽の記載のあるものを提出した者」と定義しているためだ。

何が重要事項に当たるのか、それは学者の世界でも意見が割れている。朝日新聞の記事によると、ある大学教授は「ゴーン前会長の報酬が10億円違ったことが、投資家の判断に大きく影響するとは思えない。虚偽だとしても投資判断を左右するほど『重要』なのか。刑事罰に当たるほどなのかは疑問だ」と話している。

相反する意見もある。会計監査に詳しい大学教授は2010年から金融庁が1億円以上の報酬の開示に踏み切ったことに着目し、「わざわざ法律を改正して加えている。社会の注目度も高い。これを考えれば、『重要な事項』に十分、該当するのではないか」と指摘する。

異例の学会シンポジウム

財務報告に係る内部統制報告制度にも、ゴーン前会長の事件は影響を与えそうだ。

2018年12月、東京で公開シンポジウム「内部統制制度の実効性確保について――制度導入10年を経ての教訓と課題」があった。日本公認会計士協会と日本監査研究学会の共催で、大学教授や公認会計士らが傍聴に訪れた。よくある学会のシンポジウムのようだが、タイトルに「実効性の確保」とあるように、制度そのものの課題を前面に掲げ、危機感を醸しだしていた。

実際の討論でも、「内部統制制度は形骸化している」と強い口調でパネリストらが本気で語った。公の場でここまではっきり制度の根幹が問われることも珍しい。それほど関係者に焦燥感があった。

シンポジウムを企画し、自らもパネリストの一人となった八田進二・青山学院大学名誉教授は「この2週間、毎日、新聞紙上を賑わしている会社の問題は、(これまでの内部統制報告制度と)まったく同じ問題を抱えている。これを確認しないと議論が進まない」とゴーン前会長の事件をきっかけに制度の立て直しに向けて動くべきだと訴えた。

上場企業の経営者は年に一度、「財務報告に係る内部統制報告書」を公表する義務がある。お金の流れを中心に不正行為が行われないようにしたり、効率化を図ったりするような仕組みをつくりあげ、「内部統制は有効である」と機能していることを表明するルールだ。

全上場の企業のうち、年に数十件、「有効ではなかった」とする報告書が出る。「内部統制に重要な不備があった」と記した報告書だ。ただ、自ら進んで「有効ではなかった」と表明する企業は少なく、多くのケースでは、その数カ月~1年ほど前に何らかの不正会計が表面化し、これを追認する形だ。また、有価証券報告書の訂正とともに、「重要な不備がある」とする内部統制報告書を訂正することも多い。つまり、不祥事が発覚した後で、「すいません。内部統制は不十分でした」と認める形があまりにも多い。

内部統制制度は、経営者自らが内部統制を構築し、それを評価する。そして、会計監査人がその評価が妥当かどうかを監査し、適正かどうか意見を表明する。この制度導入で、上場企業に相当の規律を与えたことはまちがいない。しかし、10年たって、そのシステムが実質的に機能していない、という意見が研究者や実務家から強まっている。マスコミや社会の関心も極めて薄い。この制度が世の中に知られていないためで、今回、日産も大量に訂正報告書を出したが、私も記事にはしていない。内部統制という言葉が分かりにくい面もあり、いまひとつ広がりに欠く制度だ。それでも経営者にとって不可欠な規律なだけに大きな課題だ。

功績が裏目に?

1999年にルノーから送り込まれたゴーン前会長は、コミットメント(必達目標)を掲げ、経営責任があいまいにされがちな日本社会に衝撃を与えた。

当時、ゴーン氏はまさしく日本を代表する経営者だった。グローバル化を象徴する存在でもあった。株主から送り込まれた経営者として、新しい経営手法を見せつけた。2000年前後、日本はバブル崩壊後の長期の不況に苦しんでいた。通産省(現・経産省)は産業再生法をつくるなど日本経済の回復の手がかりをつかもうとしていた。その一つが、コーポレート・ガバナンス改革だった。企業組織が制度疲労を起こし、内部出身者だけの役員では取締役会が機能せず、ガバナンスもきかなくなって経営に悪影響を及ぼすという考えが広がり始めていた。2003年に私が担当していたころ、トヨタ自動車には58人の取締役がいて、社外取締役はゼロだった。この是非は別にしても、コーポレート・ガバナンスが急速に問われ始めていた。

その状況で「リバイバルプラン」を掲げたゴーン氏が登場し、次々と日本の慣習を破っていった。たとえば、株の持ち合いを急激に減らし、取引き先も見直した。特に日本産業界の代表業種だった鉄鋼は大激震に見舞われた。新日鉄（現・日本製鉄）のシェアを倍増させ、ＮＫＫや住友金属工業を減らし、「30年間続いたシェアが崩れた」（業界関係者）というほどだった。実際にこれが鉄鋼業界再編の引き金となり、ＮＫＫと川崎製鉄が経営統合してＪＦＥグループになったほどだ。

その後、２００８年9月のリーマン・ショックをへて、日本企業はコーポレート・ガバナンスの強化を推し進め、課題は多いものの、着実に意識を高めていった。気がついたら、日本のガバナンス改革の先駆けとなった日産が、いつのまにか後方にいたという構図だ。

たとえば、日産の取締役の任期は2年だ。日本企業の多くがそうだったが、10年ほど前から、その年の経営責任を明確化するため、1年に切り替える大企業が相次ぎ、東証が２０１８年段階で取りまとめた報告書によると、売上高が1兆円以上の企業で78％が任期1年で、22％が2年だった。任期1年は機関投資家にとっても好都合だ。投資先の企業で不祥事や業績の悪化があった場合、直近の株主総会で社長ら取締役の選任議案に反対票を投じ、投資家の意思を伝えることができる。

日産では社外取締役も少なかった。２０１７年の役員改選期にはルノーの出身者1人しかいなかったため、機関投資家が経営トップのゴーン会長に反対した。ゴーン会長に対する賛成率は前回比で18％減の75％と低く、ガバナンス対応の遅れが数字に表れていた。

格調高いガバナンス委の提言

2019年春になり、ゴーン前会長の事件から信頼回復をめざす日産自動車が本格的に動き出した。そのきっかけとなったのが、同年3月に公表されたガバナンス改善特別委員会の報告書だ。特別委員会は、元経産官僚の社外取締役のほか、法律、会計、企業経営の専門家ら7人がメンバーで、3カ月がかりで議論し、38の提言を盛り込み、日産に変革を求めた。日産だけでなく、日本の上場企業全体に与えられた提言ともとれる。

報告書の文章は格調高い。「不正行為の根本問題を解消し、世界をリードする企業にふさわしいガバナンス体制を構築する」とその目的を高らかに掲げた。そのうえで、日本の上場企業が課せられる東証のコーポレートガバナンス・コード（統治指針）の存在にふれ、「コードが要求する水準を上回る強固なガバナンスを求めるものである」とグローバル時代の最先端を行くことを宣言した。さらに、国際的な専門家の意見もきき、海外で優れたガバナンスを実現しているケースと遜色のない体制をめざしたという。

具体的に、監査役制度や取締役会のあり方にも言及した。

報告書によると、ゴーン元会長は、取締役会で意見を言った取締役や監査役を自室に呼び、いわゆる、うるさ型の監査役を再任しなかったという。「何も言わない監査役を探してこい」と言ったことも記されている。監査役の交替を日産の有価証券報告書で調べると、外資系のコンサルタント会社出身の人で、２０１７年6月から２０１８年5月のわずか11カ月の在勤期間の監査役がいた。うるさ型だったのだろうか。ほかの監査役はどうかと言うと、日本興業銀行（現・みずほフィナンシャルグループ）の元幹部が何代か続けて社外監査役に就いていた。まるで銀行の指定席となったポストのようだ。これでは機能するのかという気がする。

また、日産の取締役会の開催時間は、平均時間が20分だったことを明らかにした。監査役は取締役会にも出席する。経済産業省の調べでは、取締役会（大企業）の平均開催時間は１・７時間という数値がある。20分はいかにも短く、監査役が勇気を持って「もっと長く議論をするべきだ」と言えなかったのだろうか。

チャンスが来た

ガバナンス改善特別委員会の報告書を読んで、「チャンスが来た」というのは、埼玉学園大学客員教授の米山徹幸さんだ。大和証券グループでＩＲ（投資家向けの広報活動）の業務にかかわり、企業の情報開示の専門家だ。

その米山さんは「欧米企業の報告書の分量や質に比べ、日本企業はまだまだで、十分な説明責任を果たしていない」と言う。この報告書を契機に、日産や日本企業が変わってほしいという。

では、欧米と日本ではどのくらい違うのか。

日産と資本提携するフランスのルノーのホームページから、年次報告書（２０１６年版）を引っ張り出して見てみると、コーポレート・ガバナンスについて70ページも割いている。

見せ方もうまい。たとえば、イラストで、だ円形の長机に19人の男女が座っている様子を描き、一人ひとりに名前と肩書きを記した。「カルロス・ゴーン　取締役会議長」というのもある。ほかにも、男性と女性のシルエットで女性の割合を31％と説明したほか、「フランス人以外６人」と取締役の構成について、目立つ文字でダイバーシティー（多様性）を積極的にアピールしている。

個々の取締役の紹介もユニークだ。社外取締役のケースだが、出版した本の紹介や、出演していたテレビ番組のほか、市民団体の活動などその人がどんな人物か分かるように配慮している。本気で投資家に説明しようとしている姿勢を感じる。役員報酬の説明も細かい。ＲＯＥ（自己資本利益率）などの定量的（quantitative）なものと、安全、健康、多様性など社会的な責任を果たすことなどの定性的（qualitative）の2種類にわけて説明している。

さらに、取締役会議長が写真入りで「コーポレート・ガバナンスで今年はこんな進展があった」と説明する英国の住宅会社があった。この住宅会社の報告書を見てみると、この議長は、ある独立取締役が会合に欠席した理由について、「より重要な会議と避けられない重複があった」と説明していた。別の英国のバス会社は、説明内容のほか、写真を工夫した。ワイシャツ姿で人と話をしている写真を掲載していた。

米山さんは「欧米の年次報告書には、取締役会にどういう機能があって、どんな役割をもっているのか、そしてどんなことをやってきたのかが書かれている。日本は役割すら書いていない。投資家に対する説明責任が叫ばれているが、日本では説明する具体的な方法論がまだできていない」と指摘する。

ルノーとの攻防

日産自動車は2019年6月10日、1通のニュースリリースを出した。

なんと、ルノーから、2週間後の25日に開催予定の株主総会で、指名委員会等設置会社移行の議案に棄権するという連絡があったことが記されていた。日産は「取締役会の中には、ルノーの指名による代表者も加わり、議論を尽くし、取締役全員が賛同していただいていたにもかかわらず、ルノーからこのような意向が示されたことは大変な驚きであります。今回のルノーの意向は、コーポレート・ガバナンス強化の動きに完全に逆行するものであり、誠に遺憾です」と記した。

ルノーは日産の株式の43％を持つ大株主だ。指名委員会等設置会社への移行は会社の定款を変更するという議案で、定款という会社の基礎を変えるには会社法で出席株主（事前の提出でも可能）の3分の2の賛同が必要だ。総会への議決権行使を棄権した場合、出席はしたとみなされる。つまり、出たのに賛成票を投じないということは、事実上、反対を投じたと同じ結果になる。

日産はこのニュースリリースで「いずれにしても当社は、すべての株主利益のために、ガバナンス強化のための指名委員会等設置会社への移行の必要性について、理解が得られるよう最善の努力をしていく所存です」と結んだ。

ルノーの目的は6月12日深夜に明らかになった。パリであったルノーの株主総会でジャンドミニク・スナール会長は、日産が総会後に取締役会の中に設置する三つの委員会にルノー出身のスナール氏や、ティエリー・ボロレCEOのいずれかを入れるよう求めた。要は自分たちを外すことは許さないという警告だった。

数の論理を突き出された日産はこれを素直に受け入れた。

これで株主総会での議案が可決される見通しが立ったが、総会で西川氏のCEOのポストも決して安泰ではないことが判明した。機関投資家に議決権行使を助言する米大手2社が、いずれも反対を推奨していたためだ。この2社のうちISSは「カルロス・ゴーン前会長と長年、密接に働いており、過去の経営との決別が必要な時期に再任は適切ではない」としている。ISSは監査役だった新取締役候補の選任議案についても反対を推奨した。

議決権行使助言会社は、企業の株主総会の議案を分析し、賛成すべきかを投資家にアドバイスする。助言会社の意見を参考にして議決権を行使する機関投資家は多い。世界的な大手でもある2社は影響力も大きい。2019年3月末の段階で、日産の株式の61%は外国人株主だ。

株主は西川社長らの再任などをどう判断するのか、株主総会が注目された。

2019年6月25日午前10時、日産自動車の定時株主総会が横浜市のパシフィコ横浜で始まった。私は都心の事務所でネットの同時中継を見て現地の記者のフォローにあたった。冒頭の事務報告が終わった後、西川広人社長兼CEOは「元会長らの重大な不正などについて、株主の皆様に大変、ご心配をかけた。深くおわび申し上げたい」と陳謝した。さらに「これらの問題を深く受け止め、あらゆる業務で法令順守意識の醸成と徹底を図る。きょう、指名委員会等設置会社に移行するという大きな節目を迎えた。経営レベルでのガバナンス（企業統治）改革を迅速に進めていきたい」と前向きな姿勢を見せた。

同時に自らの責任問題にもふれた。「きょうで新たな体制になる。私にとっても取るべき責任、果たすべき責任・責務で大きな節目を迎えたと考えている。指名委員会のもと、その後のことも考えないといけない。後継体制の検討と準備、そして次の段階への移行は喫緊の課題として、指名委員会のリーダーシップで進めてほしい」と話した。「責任はある」と言う一方で自分では進退を判断せず、今後とのことは指名委員会に任せるという手法だった。

株主との質疑応答では、ルノーとの関係が焦点となった。

株主から「ルノーとの関係は平等とは思えない。（ルノーと）統合したら日産のブランドが落ちる。ルノーと平等な関係になったら話し合いを進めればいい」との発言があり、会場で拍手がわいた。西川氏はこれに対し、「経営統合がいいとは私も思っていない」と明言した。そのうえで「ルノーとそれぞれ独立企業としての意思決定を尊重してきた。自立性を保ちながら協力関係を保つことが一番大事だ。その点にはスナールさんと私の間で意見の相違はないと思っている」などと説明し、「必要ならば、資本関係の見直しをやる。スナールさんに話をしたいと思うが、まずアライアンス

（提携）でウィンウィンの関係を大事にしたい」とまずは提携関係の安定化を図る考えを強調した。

２０１９年４月に日産取締役に就任したルノーのジャンドミニク・スナール会長も登壇した。「日産との提携関係は思ったよりも悪い状態だった」と指摘し、「できるかぎりのことをした。たとえば日産会長になることもあきらめた。日産の誇りを重んじた」と株主に対して理解を求めた。そのうえで、３社連合を統括する新組織「アライアンス・オペレーティング・ボード」を提案し、自ら議長に就いたことを説明した。

さらにスナール氏は「経営統合については何カ月も話は出ていたが、これも変わっていない」と、提携関係は当面、維持される見通しであることを述べた。ただ「将来、取締役会でこの合併を検討する権利はある」と含みを残した。欧州自動車大手フィアット・クライスラー・オートモービルズ（ＦＣＡ）とルノーとの経営統合に向けた協議については、「中止している」とした。

３時間22分に及んだ総会では、無事に会社提案の３議案が可決され、社外取締役を３人から７人に大幅に増やし、社外取締役による経営の監視機能を強める指名委員会等設置会社に移行した。ゴーン前会長の逮捕後に検討してきたガバナンス（企業統治）改革がスタートした。ただ、11人の取締役のほとんどは99％前後の賛成率だったが、西川社長は78％と低かった。２０１７年のゴーン会長（当時）の75％とさほど変わらず、苦しい船出となった。

西川社長の退任

オリンパスの損失隠し事件では、マイケル・ウッドフォード氏の解任に賛成した10人の取締役（社外の3人を含む）の責任が問われたが、日産の西川広人社長らの責任論も浮上していた。

2019年6月5日、新聞各紙の朝刊には「西川氏不起訴　検察申し立て」といった記事が載った。朝日、読売、毎日ともに第3社会面の短信扱いだ。朝日新聞の記事はこうある。

日産自動車の前会長カルロス・ゴーン被告が金融商品取引法違反（有価証券報告書の虚偽記載）の罪で起訴された事件をめぐり、東京地検が日産の西川広人社長を不起訴（嫌疑不十分）にしたのは不当だとして、西川氏を告発した東京都の男性が4日、検察審査会に審査を申し立てた。ゴーン前会長は2010～2017年度の役員報酬を過少記載したとされる。西川氏は2016、2017年度の有価証券報告書に「代表者」として名前が記されていた。また西川氏は、前会長への退任後の報酬の支払い方法に関する書面に署名していたという。申し立てで男性側は、「西川氏には退任後の支払いについての認識があり、（犯罪の）故意があったのは明らかだ」

短信扱いではあるが、コーポレート・ガバナンスを考えるうえでは極めて重大な指摘だ。

4人の監査役の進退にも疑問を感じた。日産は2019年6月以降、委員会等設置会社に移行するため、全員が退任する。

だが、このうち、元メガバンクグループ出身者だけ、取締役として残ることになった。一人だけとは言え、ゴーン前会長の不祥事を止められなかった責任をどう考えるのだろうか。日産の株主総会招集通知などを見たところ、この監査役が取締役候補として推薦された理由について、「リスク管理等の分野において豊富な経験と知見を有しているためであります。また、平成26年より当社の常勤監査役として豊富な業務経験を有し、当社のコンプライアンス、ガバナンス体制のさらなる強化に貢献していただけると判断し」とあったが、他の3人のとの違いは明確ではなかった。

2019年初夏、私は日産のガバナンス改善特別委員会にたずさわった人物から「本当に日産が反省しているのか疑わしい」と聞いたことがあった。ゴーン氏の独裁体制を許し、それどころかゴーン氏に引き上げられ重用された役員が残り続けるのはどうか、という趣旨だった。

それが秋になって現実のものとなった。続投の意向を示していた西川社長が急きょ、退任することになった。西川氏は、ゴーン氏のときも問題視された株価連動型インセンティブ受領権に関して疑惑が持たれ、社内調査の結果、本来の支払額よりも4700万円を増額されていたという。株価の関係で、権利行使日をあとから1週間ずらすことで利益を水増ししたと認定された。

2019年9月9日、日産は記者会見を開き、これを発表した。木村康・取締役会議長（独立社外取締役＝JXTGホールディングス元会長）のほか、指名、報酬、監査の3委員長も同席するという珍しいケースで、ある意味では理想的な布陣だ。この場で、監査委員長の永井素夫取締役は、「事務的な錯誤とも理解している」と説明した。つまり、西川氏が意図的に4700万円を受け取ったわけではないということを強調しているようだった。

西川氏も続けて記者会見に応じ、こう語っている。「私は習慣として、一番仕組みを熟知しているところにお願いする。手続きの正確性を担保する意味でも任せておきたい。結果的に、頼んだケリー氏（前代表取締役）らが本来のルールと違うことをやった。頼んだ先がどうなっていたかはまったくわからない。ほめられたことではないが、本当の意味での意図をもった不正とは、まったく違う」

しかし、ケリー氏は『文芸春秋』２０１９年7月号で、①西川氏が会社（日産）に自分の不動産を買ってほしいと要望してきたこと、②特例で株価連動型インセンティブ受領権の日付を動かしたところ、その後は何も言わなくなった、ということを述べている。

ケリー氏の言い分が正しいのか、西川氏の説明に理があるのかは分からない。ただ、４７００万円は小さな金額ではない。日産の工場で働く人が5～10年も働き続けないと得られない額だ。

西川氏は返還すると言うが、日付を動かすことによって４７００万円のお金が動くことは、誰かが意図的にやったかは別にしてもどこからどう見ても重大な違法行為にほかならない。西川氏が退任すれば済むものではない。

日産自動車は２０１９年10月8日夜、木村取締役会議長と豊田正和指名委員長（独立社外取締役＝元経産官僚）が記者会見を開き、取締役会が新社長に内田誠専務執行役員を選んだことを発表した。内田氏は53歳と若くて期待が持てる。社外取締役を中心とした取締役会が過去のしがらみを受けずに検討した結果だと評価したい半面、新社長を発表する会見に社内出身者がいないことに驚いた。これまでの社長交代の発表は、現社長と新社長が並んで会見席に着くの通例だったが、日産のやり方は画期的ではあるが、やや極端すぎる気もした。

2019年暮れから年明けも、日産の内憂外患が続いた。COO（最高執行責任者）だった関潤氏がわずか1カ月で退任し、日本電産の社長になることが明らかになった。ゴーン前会長にいたってはレバノンで世界中のメディアを相手に記者会見し、日本の司法制度を批判した。「一方的」「独壇場」という表現がぴったりと合っていた会見だった。要は、勾留期間の長さを中心とした司法制度の問題点を世界に向けて発信したかったようだ。私も1989年に朝日新聞社に入社し、最初の5年ほどはいわゆる「サツマワリ（警察担当）」だった。当時から、司法制度は問題は山積みだった。それが今も続いていることに驚きを感じる。ゴーン氏の言うことはもっともな面がある。

しかし、私は彼がやったとされる報酬隠し、それを許した経営陣たちの罪は大きく、許されるものではないと思っている。日産自動車によると、ゴーン前会長は2009年度から2017年度まで約91億円の報酬を開示しなかったとしている。年間10億円という数字は投資家に影響を与える。汗水流して私たちは、年平均441万円（2018年の国税庁調査の給与所得者の平均）を手にする。創意工夫もする。リスクもとっている。それでこの金額だ。自動車は3万点の部品からつくられると言われる。軽くて丈夫な鉄板だって、日本の鉄鋼メーカーの情熱に支えられている。たまに自動車の販売店に行くと、店員のへりくだり方は尋常ではない。そんな努力が詰まった220人分ものお金を開示せず、退職してからもらおうとしていたことが、許されるわけがない。

2020年初頭、「レバノンでの会見にはがっかりした」という朝日新聞に一通の投書が掲載された。差し出したのは「ゴーンさんと入れ違いで日産を離れた者です」とあった。2万人のリストラを断行し、日産の救世主だったと評価しながらも、最近の日産の商品に魅力がないことを嘆き、「結局、あなたもリストラされ、2万人の中に加わったのです」と締めくくっていた。必死の思いでいい車を安くつくってきた世界14万人の従業員たちは、どんな思いでこれを見ていたのだろうか。

第4章 関西電力の虚々実々

監査役は知っていたのか？

関西電力の監査役との紹介を受けたあと、「よろしくお願いいたします。まあ、思い切ってやって参りましたので、お手柔らかにお願いいたします」と言うと、１２００人の聴取がどっとわいた。なぜか、直後、割れんばかりの拍手も起きた。

２０１９年10月3日午後、大阪城公園近くの大型ホテルでは日本監査役協会の全国会議が開かれていた。２日間の日程で、初日のこの日はシンポジウムが催された。テーマは「企業不祥事防止に向けた監査役等の役割――高まる期待に応えるために」。３人のパネリストの一人が関西電力（以下、関電）の監査役だった。聴衆の拍手が静まったあと、この監査役は「弊社の原子力の件でみなさまにご心配、ご迷惑をかけたことをおわび申し上げげます」と陳謝した。

関西電力の岩根茂樹社長は9月27日、10月2日の両日にわたって記者会見を開き、高浜原発がある福井県高浜町の森山栄治・元助役＝２０１９年3月に90歳で死去＝から自分を含む役員ら20人が計３億２０００万円分の金品を受け取っていたことを認めた。

こんな事情もあって、監査役協会のシンポジウムについては、「てっきり欠席すると思った」（参加した監査役の一人）という声が強かった。だが、監査役協会は「本人の意思を尊重することにした」（幹部）と、参加することになったという。パネリストは3人で、企業の現役の監査役を代表する形で出ており、また、資料の印刷も終わっていて、突然の辞退は避けたかったのだろう。

壇上の関電の監査役は「本件は、第三者委員会で全容が明らかになります。現段階であれこれと述べることは差し控えたい。執行サイドの対応について、社外監査役と社外取締役と連携し、しっかりと監視・検証していく」と述べた。

監査役は会社の業務に違法性がないかどうかを調べるのが仕事だ。任期は4年と取締役の1～2年に比べて長い。会社の中の調査権や違法行為の差し止め請求権などを持ち、コーポレート・ガバナンスの要とも言われる。監査役協会の調べによると、会員企業の平均では、9人の取締役に対し、社外も含めて3人の監査役がいる。

この監査役は元副社長。リスク管理をになう経営監査室（約50人）など内部統制システムを構築していることをよどみなく説明。監査役室のスタッフも13人もいる。通常の大企業でも1～3人で、他社に比べて格段に充実している。「会社に理解がある。不正をする機会を与えず、意識付けでやらせない風土をつくりあげることが重要」などと語った。全社員を対象にしたアンケート方式の意識調査を実施したことも紹介し、「本音を語っていただき、不祥事の防止につなげている」と語った。

だが、冒頭の拍手にもかかわらず、不祥事防止の方法を学ぼうと会場に詰めかけた監査役の中には冷ややかに見ていた人もいた。「はっきり言ってしらけるね。よく出てきたね」「あんな不祥事を起こした企業の話を誰がまともに聞くのか」と憤る声もあった。「ブラックジョークのようなシンポジウムだね」と評する人もいた。大方の意見ではないか。

ただ、まだこの時点では救いようがあった。「あの監査役は金品受領のことを知らなかったのだろう」との見方があったからだ。いや、見方と言うよりも「出てくるということは、知らなかったからでしょう」と多くの出席者が信じていた。

だが、翌日の4日になって、監査役の責任を問う報道が出始めた。監査役会に事前に伝えたにもかかわらず、取締役会にはかったり、公表を促したりすることをせず、不問にしていたという内容だ。日経新聞は夕刊で「関電監査役会、昨秋に把握　金品受領、監視機能働かず」と見出しを立てた。これを知った日本監査役協会幹部は4日夜、あぜんとした様子で、「監査役会は直ちに第三者による調査委員会を設けるように動くべきだ。そのうえで関係者の処分や公表を検討すべきケースだ。一体何をしていたのか」といぶかった。

時代劇のような

「『お代官様、金色のお菓子でございます』『越後屋、おぬしも悪よの～』といった話か」

企業法務の関係者が集まった会合では、こんな会話があちこちでかわされていた。

弁護士や大学教授らコーポレート・ガバナンスの専門家は岩根社長の対応にあきれ顔だ。「時代錯誤も甚だしい」「東芝の不正会計も驚いたが、それをはるかに上回る」……。

報道が先行する形で9月27日に岩根社長は記者会見に応じた。その場では、騒動の核心人物である森山氏の名前を出さず、「特定の人物」で押し通した。受け取った金品や時期、状況についても具体的な説明を避けた。社内処分を認めたが、その内容も伏せた。

だが、世間が納得しなかった。5日後の10月2日の会見では、「前回は個人情報に配慮した内容で、しっかりとお伝えできず疑念や不安を与えた。大変、反省している。本日は報告書の内容を含めて、可能な限り、詳細に説明したいと思っております」と一変した。

会見場には2018年9月11日付の社内報告書も配布されていた。報告書には、森山氏の横暴ぶりがあふれていた。急に激高して「無礼者」「わしにはむかうのか」などと長時間にわたり叱責・罵倒することが数多くあったと記されていたほか、「（担当の関電社員が）うつ病になった、左遷されたとの話が伝えられ……」と伝聞も交えながら、金品受領の主因は森山氏の乱暴な姿勢にあったことを指摘していた。岩根社長は「森山氏に関する問題では、長年にわたって、各人が我慢を重ねて対応してきたものであり、各人でなんとか対応していくしかないという引き継ぎ、助言を受けていた」と語った。

関電の意図を記者たちは敏感にすくい取った。テレビ局の記者は会見で「森山氏という特異なキャラクターのもとで、まるで関電が被害を受けたような印象だ。そんな対応でいいのか」と意見を交えて質問した。実際、翌日の新聞の朝刊は「言い訳に終始」「被害者の立場を強調」などの見出しや記事が踊った。

確かに返す努力はしていた。関電によると、受け取った金品のうち、４割にあたる1億２４５０万円分は、国税庁の調査が入る前に自主的に森山氏に返却していたという。だが、５割の1億５９０８万円分は税務調査を機に返還したという。「いまだったら受け取ってもらえる」（岩根社長）ということで返すことに成功したという。スーツの仕立券は使用し、1割の３４８７万円分は今も返していないという。

岩根社長が森山氏にとった行動も約２００人の記者を驚かせた。岩根氏は、２０１７年春に森山氏が社長就任祝いのため関電本社を訪れたことにふれ、「菓子折りのようなものが入った袋をいただいた。何か高価な物が入っているかもしれないと、開封せずに秘書に渡したところ、お菓子の下から金貨が出てきた。そこで金庫に保管しておいてくれと言った」と説明した。他の役員らについても、個人的な立場で預かっていたり、返すタイミングをうかがっていたりしたという。

岩根社長の説明に対し、企業法務に詳しい弁護士らからは「預かっていたという抗弁は、使っていなかったというだけで、金品を収受したことに変わりはない」との指摘が相次いだ。

マスコミで働いていても、モノを受け取る、受け取らないで悩んだり、押し問答になったりすることはよくある。関電の役員らも、森山氏に金品をもらってうれしいと思った人はいないと思う。私たちと同じように、もらいたくない、迷惑だと思っていたに違いない。十数年前、談合事件を取材していた朝日新聞大阪本社の社会部記者が15万円を転勤祝いなどの理由で受け取っていたことが発覚し、社内処分を受けた。私も15万円という金額に驚いた記憶がある。封を切らずにバッグの中に入れたままにしていたというが、受け取った事実に変わりはない。処分は当然だ。

ガバナンス崩壊

昨秋に関電が実施した処分の甘さにも批判が渦巻いた。

岩根社長が月額報酬の2割を1カ月、1億1000万円を受け取っていた副社長（当時）がうち2割を2カ月間、それぞれ返上。4000万円を受け取った常務執行役員（当時）は厳重注意といった処分で幕を引こうとした。あまりにも、あまりも軽い処分だった。

結果的に岩根社長は10月9日に3回目の会見を開き、八木誠会長ら6人が辞任し、自らも新たに設置した調査委員会の結果が出た段階で辞めることを明らかにした。

しかし、すでに辞めればすむような小さな事件ではなくなっている。

今回の金品受領は、会社法のほか、コーポレート・ガバナンス（企業統治）や、コンプライアンス（法令や社会規範の順守）など様々な側面から問題が提起されている。

会社の組織や運営を定めたのが会社法だ。

その中に「善管注意義務」「忠実義務」などと言われる項目があり、取締役は法令を守ってしんしに業務に取り組むことが義務づけられている。よりそれを具体的に示した一つが、内部統制システムの構築と運用義務だ。

関電も、取締役や従業員が不正をしないように行動憲章や社内規定をつくったり、内部通報制度をもうけたりしている。社長を委員長にしたコンプライアンス委員会もある。

驚くべきことに、コンプライアンス委員会にも取締役会にも報告していなかったという２０１８年９月の調査報告書をまとめたのが、このコンプライアンス委員の弁護士だった。

岩根社長や八木会長は「コンプライアンス上の問題はあったが違法性はなかったので取締役会には報告しなかった」と会見で繰り返し述べた。そして、その判断は過ちで、新たな第三者委員会で詳細を調べてもらうことを会見で繰り返した。

関電のコーポレート・ガバナンスの図表を見ると、コンプライアンス委員会は社長などを通じて取締役会に報告する仕組みができている。内部統制システムやコンプライアンス委員会は、会社法で定められた内部統制システムに正式に組み込まれた組織だ。今回の事案は十分に法に触れる可能性はある。役員らが善管注意義務を怠ったことで損害が出た場合、それを理由に取締役や監査役の責任が問われ、損害賠償訴訟が株主らから提起される可能性もある。同じ理由で株価が下落したとして提訴されるケースもある。当時は、違法性はないと判断したというが、十分に違法性はあったのではないか。おそらく、警察や検察が立件するかどうかというレベルでの違法という意味だと推察する。なぜなら社外監査役を検察庁ＯＢが務めていたからだ。果たしてこの人はどんな意見を言ったのだろうか。

警察や検察が捜査に入る場合に用いられるのが懲役刑もある特別背任罪だ。「その任務に背く行為をし、会社に損害を加えた」という定義で、日産自動車のカルロス・ゴーン前会長にも検察は適用した。

東日本大震災以降、増え続けている原発の安全対策工事費を水増しし、業者を通じて役員らに還流したとの見方が出ている。ある意味、当然な見方だと言える。「裏切るなよ」と一蓮托生（いちれんたくしょう）だぞという脅しでもあったと推測できる。

ただ、立件するとなると、工事費の複雑な流れを解明し、その目的を明らかにしないといけない。「普通に考えれば刑事事件としての立件は難しい」（弁護士の一人）との声もある。森山氏が死去していることもあり、かなり難しい捜査であることは間違いない。それでも警察・検察は最近、経済事件を重視しており、司法当局の役目であると思う。

一方、会社法や刑法に対し、ソフトローと呼ばれる規範もある。

金融庁は2015年にコーポレートガバナンス・コード（企業行動指針）をつくり、経営者に対し「健全な事業活動倫理を尊重する文化・風土の醸成に向けてリーダーシップを発揮すべきだ」と明示した。コンプライアンス体制の構築も求め、監査役会にも情報収集を含めて役割や責務を果たすことを要請している。2008年に金融庁が導入した「財務報告に係る内部統制報告制度」との関連性も見逃せない。経営者が内部統制を構築し、その評価を有価証券報告書と共に公表する仕組みで、関電は「内部統制は有効」と公表してきた。この評価には、経営者ら組織の誠実性や倫理観も内包されている。財務報告に関する規定だが、関電の幹部に誠実性はあったのだろうか。

東京証券取引所（東証）にも、粉飾決算をした企業などに対し、上場廃止の前提となる特設注意市場銘柄に指定する制度がある。東証が定める企業行動規範に違反した場合、特設注意市場銘柄に指定されるが、その行動規範では内部統制システムの構築や重要事項の速やかな公表を求めている。経団連も行動憲章で企業倫理の徹底を経営者の責務として掲げている。

これらを受け、関西電力もCSR行動憲章を策定し、コンプライアンスの徹底を打ち出している。ホームページなどもコンプライアンスの確立のことをこれでもか、というくらい説明している。その中に、こんな文章があった。

「当社社長を委員長とするコンプライアンス委員会のもと、総務室（法務）がコンプライアンス事務局としてグループ全体のコンプライアンス推進を統括しております」。岩根社長がコンプライアンスのトップでもあったのだ。各部門でも計画を立てて、自律的に推進活動をしているという。関西電力のコンプライアンス・マニュアルには、「贈答・接待等に対する節度」という項目があり、「節度をもって良識の範囲内にとどめます」とされていた。1人1億円を超える金品の受領は節度どころではないはずだ。

コンプライアンス委員会の委員長を務める社長がコンプライアンスにふれる行為をした。これ自体、会社のコンプライアンスの崩壊を意味することで極めて重大なことではないか。これを取締役会に報告しないことはやはり理解できない。「金品の受け渡しは重要な犯罪の可能性がある。取締役会への重要な報告事項だ」（企業法務に詳しい弁護士）との見方が支配的だ。

取締役会に報告すれば、それは記録に残り、他の役員らも知ることになる。監査法人も取締役会の議事録を見る。これをいやがったのだろうか。

関西電力の売上高は3兆3000億円、従業員は約3万3000人。社外取締役には元三菱UFJフィナンシャルグループ会長ら3人、社外監査役には元パナソニック社長ら4人と日本のエスタブリッシュメントをそろえる。だが、日本のコーポレート・ガバナンスやコンプライアンスは、そのリーディングカンパニーの不始末で地に落ちたと言っていい。

私も大阪で経済記者を4年ばかり続け、関西電力にも出入りした。関電だけでなく、日本の大企業の役員の多くは律義で、実直だ。関電の役員もおそらく、森山氏の贈り物を喜んだ人はいないと思う。しかし、森山氏の行為は明らかに常識外れで、刑事事件にもなる可能性があることは即時にわかったはずだ。

2019年10月、東京都内で、企業法務やコンプライアンスで著名な弁護士と会った。この弁護士は関西電力での業務があり、コンフリクト（利益相反関係）があるのでコメントはできないという立場だったが、一般論として取材に応じてくれた。私が「これまでの取材で、世の中には不正なことだと分かっていても続けなければいけない仕事がある、不適切なことに目をつぶることもある、というケースを見てきました。そんな状態に出会ったとき、企業はどうすればいいのか」

その弁護士はゆっくりと答えた。「そのときはその事業をやめればいいのです。迷うことはありません。不正で成り立つ事業を続けてはいけません」。直後に、社外役員を務めていた大手商社の話を始めた。ある事業部門で不正が発覚し、取締役会で当時の社長は「不正がないと成り立たない事業であれば、その事業をやめるしかない」と断言したという。当然のことではあるが、これが現代のスタンダードだ。

関電は2019年11月に規定を新設し、原則として贈答や接待を受けないことにした。いいことだ。

プリンシプル

2016年2月、日本取引所グループの自主規制法人は「上場会社における不祥事対応のプリンシプル」を策定した。自主規制法人は東証に上場する企業の審査を担当し、いわば「品質管理センター」という存在だ。プリンシプル（原則）の内容は、不祥事の根本的な原因を解明し、実効性の高い再発防止策をつくることを上場企業に求めたものだ。2019年5月に出版された『資本市場とプリンシプル』（日本経済新聞出版社）で、著者の佐藤隆文・元自主規制法人理事長は「発覚後の対応のまずさゆえに、事態が深刻化し、社会的に強い批判を受けて企業価値を大きく毀損するケースも目立った」とし、不祥事発覚時に企業としてどう行動するか共通の指針として策定したと書いている。

関電の八木会長や岩根社長、法務やコンプライアンスを担当する部門はこれを読んでいたのだろうか。プリンシプルにはこうある。

「不祥事またはその疑義が把握された場合には、必要十分な調査で原因を解明し、速やかにステークホルダーからの信頼回復を図る」「情報開示は把握の段階から迅速かつ的確に行う」

関西電力の役員ら20人を巻き込んだ金品受領問題では、社外の弁護士を委員長とした社内調査が実施されて２０１８年９月に調査報告書がまとめられたが、取締役会に報告されることはなかった。当時は公表もしなかった。これはステークホルダーを無視したことになる。

そもそも、この報告書は、国税局の査察がきっかけとなっている。関電役員が自主的に始めたものではない。今回の会見と辞任も、もともとは共同通信の報道がきっかけだ。一連のことを考えると、関西電力のコーポレート・ガバナンスやコンプライアンスについて、落胆してしまう。

ガバナンスの関係者なら誰でも知っている事案に、ダスキン事件がある。有名な判決だ。経営していたミスタードーナツで認可されていない添加物を混入していたことが取引業者の指摘で分かったが、それを取締役が公表しない方針を決め、監査役はそれに異議を唱えなかった。株主代表訴訟が提起され、２００６年６月に大阪高裁は、取締役や監査役の任務懈怠を認め、２億円の支払いを命じ、判決は確定している。高裁判決では「自ら進んで事実を公表して、既に安全対策が取られ問題が解消していることを明らかにすると共に、隠ぺいが既に過去の問題であり克服されていることを印象づけることによって、積極的に消費者の信頼を取り戻すために行動し、新たな信頼関係を構築していく途をとるしかないと考えられる」「現に行われてしまった重大な違法行為によってダスキンが受ける企業としての信頼喪失の損害を最小限度に止める方策を積極的に検討することこそが、このとき経営者に求められていたことは明らかである」と指摘した。

今回、関西電力は「被害者」を装ったと批判された。しかし、その行動はすでに13年も前に否定されていた。これもガバナンス関係者の間ではかなり有名な事件だが、２００６年に蛇の目ミシン工業をめぐる最高裁判決が出ている。蛇の目株を買い占めた投機集団の代表が当時の蛇の目ミシンの社長らを「暴力団関係者に株を売った」「ヒットマンが来ている」などと脅し、経営陣がその集団に３００億円を融資したという事案で、１、２審は経営者を「恐喝の被害者」と認め、「やむを得なかった」とされて責任は問われなかった。だが、最高裁は「株主から不当な要求をされたら、法令に従った適切な対応をすべきだ」と警察に届けでるなどコンプライアンスの徹底を求めた。闇の勢力との決別を強く求め、安易に金銭での解決に走ることを戒めた判決とされた。

関電は5年前にも不祥事を起こしていた。

２０１４年1月31日、公正取引委員会は、関電が発注する送電線の工事で談合があったとして、関連会社で東証１部上場のきんでん（大阪市）など76社を独占禁止法違反（不当な取引制限）と認定し、うち61社に総額約23億７０００万円の課徴金納付を命じた。関電に対しも、社員が談合を助長したなどとして再発防止策をとるよう申し入れた。

これを受け、関電は同年2月4日、「当社は、コンプライアンスの徹底を図っている中で、当社社員がこのような行為を行っていたこと、当社グループ会社が独占禁止法違反行為を行っていたことについて深く反省し、今度、二度とこのようなことを起こさないよう、グループが一体となって再発防止策に取り組んでまいります」とのプレスリリースを出した。

関電発注の送電工事や地中化工事で、ＯＢなどの取引き先の求めに応じ、担当社員が予算情報を流していたという。その理由として「断り切れなかった」「品質と安全対策を確保して欲しかった」などを挙げたという。その背景に「担当者のみの判断で行動するなど、会社としての対応がとれていないことがあった」と明記している。

再発防止策としても、「社長から全社員に対し、独占禁止法遵守はじめ、コンプライアンスを徹底することを求めるメッセージを発信した上で、役員・社員を対象に、独占禁止法およびコンプライアンスに関する意識・知識の向上、適切な職場内指導の徹底を目的とした研修を実施する」と打ち出し、コンプライアンスマニュアルを改訂して問題行為を防止し、内部通報制度を強化することを誓った。このときの社長は、今回、辞任した八木誠会長だ。

岩根社長は会見で「(森山氏を怒らせれば)原発事業に支障が出かねない」とずるずると金品を受領し続けてきたと説明した。オリンパスのウッドフォード・元社長を解任に賛同した取締役がその理由を「会社の秩序を乱したからだ」と言ったことに似ているなと思った。正しいことよりも現行の秩序を優先することについて、私たちはもっと考え直さなければいけない。

金融庁幹部は「今年に入り、コーポレート・ガバナンスは『形式から実質へ』がテーマになっていた。関電のケースは大きな議論になりそうだ」と話した。関電の金品受領問題は、はからずも日本のコーポレート・ガバナンスが極度の形式論にとどまっていることを表面化させた。

10月9日の会見で岩根社長は「底深いもの、歴史的なものがあると思う。その全貌を徹底的に暴き出さないと、関電は本当に信用していただけない」と言った。

古くからの慣習を壊して正しい方向に変える「形式から実質へ」というのは、簡単な話ではない。歴史のある日本の会社において、過去との決別は決して簡単ではない。今は岩根社長の最後の言葉を信じるしかない。

第5章　品質・検査不正という試練

会長就任で責任をとった？

記者たちは角度を変えながら同じ質問を繰り返した。だが、対応はさほど変わらなかった。記者の感覚が間違っているのか、相手に利があるのか。それとも何か大きなすれ違いがあったのか。記者と言っても、テレビ、新聞、それぞれの媒体や記者個人でも考え方は違うが、この日は珍しく、多くの記者が同じような思いを抱いたようだった。

２０１８年６月22日夕方、東京・神田の会議室。三菱マテリアルの小野直樹社長の就任会見が始まっていた。午前中の株主総会を終え、正式に社長に就任したうえでの会見だった。

通常、経営トップの就任会見は、お互いに「安全運転」で済ませるものだ。記者側は「抱負は」「どんなことに力を入れますか」といった答えやすい質問を投げかける。新社長の方も「前任者の路線を引き継ぎ、発展させたい」などと無難な回答に終始することがほとんどで、「これからよろしく」と笑顔で終わるパターンが多い。だが今回は様相がまるっきり違っていた。

当時、三菱自動車の燃費不正、神戸製鋼の品質データの偽造問題などが相次いで表面化していた。

のなかで現れるのではないかと思う。

記者 人生の深みを語ってなぜガバナンス強化になるのでしょうか。

小野社長 もちろん監査を強化するとか、教育をしっかりするとか、仕組みを変えるとかガバナンス強化には色んなことがあります。そのなかで、人の心に届く話などでコミュニケーションをとることも組織風土の面で強化になり、話を聞いて無駄になることはないのでは。

記者 コミュニケーションができなかったときのトップの話を聞いて、意識改革につながるのでしょうか。

小野社長 つながる面があると思うから、そういう立場になっている。

後日、三菱マテリアルの広報関係者に聞いた話では、竹内会長は自分の責任を回避するのではなく、「これまで何が足りなかったのか。何がダメだったのか」という視点で工場を回り、従業員と話し合うつもりだったという。

小野社長も決して、逃げたわけではない。落ち着いた口調でマイクを握り、ときには相手の質問を繰り返しながら、感情を交えずに答えていた。質問を理解したうえで、それについて自分なりの回答をしようとした姿勢が見られた。ただ、三菱マテリアルがとってきた行動に対し、明らかに説明が不足していた。このため身内の論理で動いているという印象を記者たちに与えた。

小野氏は、まだ社長になったばかりで、竹内氏のことを気にしたのかもしれない。思わず「講話」という言葉が頭に浮かび、口に出してしまったような気がする。先輩の竹内氏への配慮もあったのだろう。

記者たちには、もう一つはっきりさせたいことがあった。不正は子会社で始まり、そのときは調査報告書も公表されたが、本社の直島製錬所について具体的なことはほとんど明らかになっていなかった。該当製品で日本産業規格（ＪＩＳ）の認証を取り消されるという異常な事態となっていたのに、子会社のことは徹底的に調べるが、本社にかかわると急に腰が引けたように記者たちは感じた。記者はこんな思いを払拭しようと質問を重ねていた。

株主からも怒りの声があがった。２０１８年6月の総会で、ある株主は「報道では、社長が引責辞任して会長に就任すると聞いたので、耳を疑った」などと発言した。

竹内氏はこの総会で、社長を退くことで責任を明確化したと話している。そのうえで、これからガバナンス強化策の指導・監督に集中的に取り組んでいくことを強調し、それが早期の信頼回復につながり、企業価値向上のために最善であると訴えた。70代の男性株主は総会終了後、私の取材に対し、「竹内氏が会長に就くのはおかしい。不正が起きた原因がはっきりわからないまま総会は終わった」と言った。

機関投資家に議決権行使の助言をする米ＩＳＳは、竹内氏を取締役に再任する議案への反対を推奨した。これに伴い、米国などの機関投資家は竹内氏にノーを突きつけたとみられる。それだけ、機関投資家は、品質・検査問題を重く見ていた。現場で起きたことだが、責任は経営にあると判断した。今回、その結果、竹内氏の取締役の選任議案に対する賛成率は75％だった。通常であれば、95％以上だが、それだけ一定の投資家らが反対したということだ。

２０１９年6月、三菱マテリアルは監査役会設置会社から指名委員会等設置会社に移行した。「取締役会の経営監督機能の強化及び、経営の透明性・公正性の向上をめざす」ことが目的という。社外取締役を増やし、11人中6人と過半数にした。5人の監査役を横滑りさせて取締役にしたが、社内出身の監査役の一人が、経営監査部長を歴任していたことが気になった。品質不正と監査役の関係は、ほとんどマスコミの議論にのぼらないのだが、品質不正に陥った企業の調査報告書を読むと、これはコーポレート・ガバナンスの問題だと私はいつも思ってきた。特に、内部監査部門や監査役は一体、何をしていたのかと思う。彼らが疲弊した現場に気づき、救えなかったのか、苦しむ声を吸い上げられなかったのかと感じる。

三菱マテリアルが２０１９年5月に決算発表をしたとき、私も取材に出向いた。この発表には、小野社長も出席した。その場で、同社は「グループガバナンス体制強化策及び品質問題の再発防止策の計画及び進捗」という資料を配布した。

「親会社・子会社間、各階層間において、双方向のレポートラインが構築され、適切に情報が共有されている」などと、品質教育を拡充したり、検査の自動化などを着実に進めたりしていることが明記されていた。外部コンサルタントが6拠点で30回、指導会を実施したことなどを写真入りで説明していた。約20ページにわたる資料で、1年前の反省を踏まえ、真剣に再発防止に取り組んでいることを訴えていた。

ある三菱マテリアルの関係者はこう説明した。「竹内会長はその言葉通り、工場など全国を回っています。反省点を踏まえて社員にも話をしています。それは竹内会長にしかできないことで、成果は着実に上がっています。このままいけばモノづくりの水準を上げることができます」

株主や記者との激しいやりとりを経てガバナンスは急速に強化されているのだろうか。過去の会見の様子をネットで見ると、竹内氏は品質は納期や利益より優先すると言い続けてきたことを説明し、そのことを周知できず、現場の情報を吸い上げることができなかったことを反省点として挙げている。引責で社長を退いたことは評価したいが、会長になって何をしようとしたのか、どのように全国を回って何を話してきたのか、どんな成果があったのか、公の場で改めて話をして欲しいと願っている。それが日本の産業界のためになると思う。

スバルへの希望と不満

自動車大手のスバルも苦しんだ。

2017年秋以降、品質・検査不正が止まらず、燃費や排ガスの不正検査や、無資格従業員による完成車の検査など1年間にわたって相次いだ。2018年3月に吉永泰之社長が辞任し、代表権のある会長兼CEOに就く人事を発表した。

だが、そのわずか3カ月後の6月5日、新たな不正が見つかって、吉永氏は代表権と最高経営責任者を返上し、ただの会長に就くことになった。「逃げるつもりはない」とコンプライアンス担当の会長として、また正しい会社推進部を率いていくとした。三菱マテリアルのケースと似ている。

それから1年ほどたった２０１９年６月21日の総会に出かけてみた。

午前10時から、東京・恵比寿の大型ホテルで行われ、別室にテレビモニターがもうけられ、報道機関にも実質的に公開された。中村知美社長は総会の冒頭、「２０１７年10月以来、多大なる心配を掛けた。２度と信頼を損ねることないよう改善を図りたい」と陳謝した。その後、２０１８年10月26日に生産ラインを停止して再発防止策の効果を検証し、同日をもって不適正行為が収束したことを確認したと説明した。

株主からは厳しい質問が飛んだ。

「結局、うそをついた。これは猛省しないといけない」「再発防止策はできたのだろうが、お客様の心象には（不祥事が）残っている」

これに対し、中村社長は「気を緩めることなくやっていきたい」「猛省したつもりでおります。本当に真摯に受け止めている」と反応した。

中村社長が「（これから）現場に寄り添いたい」と言ったことに、株主から「現場に寄り添うのは基本だ」「認識不足では」、という意見も出た。

参加者の印象を良くしたのが、吉永泰之会長の答弁だ。株主から「会長として意見を」と求められる形で発言し、「会長になってから時間ができたこともあり、各事業所を回ることができた」と前置きした吉永会長は「現場が大事ではないと思っているはずがない。これまでは、現場のいろいろな課題があがってこない雰囲気があった。とにかく何でも言える会社にしたい。現場は頑張ろうとしてくれる。それはありがたいのだが、同時にこんなに大変なんだということも言ってきてほしい」と自分の言葉で話した。厳しい意見も出た総会だったが、比較的、好印象のまま総会は終わったと感じた。

ちょっと残念なこともあった。

監査役だ。監査役の監査報告で、書いたものをほぼそのまま会場で読み上げた。

「なお、監査役会は、完成検査に係る不適切事案への対応として、当社が、経営陣による品質保証へのコミットメント強化、法令順守の徹底、完成検査業務の見直しに取り組んでおり、現在まで完成検査の健全性が維持されているとの当社の判断が適切であることを確認しております。監査役会は、今後も取締役会の取り組みを注視してまいります」と品質・検査不正にふれてはいる。だが、どこかひとごとだ。「当社の判断が適切であることを確認しております」というが、もう一歩、踏み込めなかったのかと残念だった。監査報告の中で、「監査役会は、経営陣及び完成検査員をはじめとする現場関係者との対話や群馬製作所の視察などを通じて、一連の不適切事案の再発防止策実施状況を確認いたしました」と記し、自ら工場にも足を運んだとしている。それもいいのだが、監査役に責任はないのだろうか。自分たちには何ができたのか、何ができなかったのかを書くべきではなかろうか。

監査役は投資家の目線から、ときには経営者と対峙しなければいけない。一連の品質・検査問題では、現場は不正であることを認識していたケースが多く、状況を正すべきだと考えていた社員もいた。だが、「何を言っても変わらない」とあきらめムードが広がっていたという。こういうときこそ、監査役の出番ではないのか。また、品質不正が発覚したあるメーカーの報告書には、現場には十分な予算と権限が与えられず、30年以上も交換されない機器があったことなどが記され、「工場能力を超える仕様で受注・量産化していった」と指摘されている。適切な予算と権限の配分について、監査役がチェックすることはできなかったのだろうか。ある会社では、取締役の品質保証部長ら首脳陣が本社に報告するかどうかを協議し、見送ったことが書かれている。このとき、ガバナンスの要でもある監査役は何をしていたのだろうかと思ってしまう。それとも、監査役に期待しすぎなのだろうか。社会や株主の視点を持ちながら経営者に耳の痛いことを伝えるのが監査役の役割だと思うのだが。

監査役の意地

少し古い話で恐縮だ。2007年のことだが、珍しい監査役の監査報告書を見た。当時、監査役の業界の中で「こんな監査報告書は初めてだ」「会社の批判なんて見たことがない」と話題となっていた。

それは、「あけぼの」の缶詰で知られる食品大手のニチロ（現・マルハニチロ）が2007年6月に開いた株主総会に出された監査役の監査報告書だ。報告書は2ページで、前半は「内部統制システムに関し、指摘すべき事項は認められません」と通常の書き方だが、後半の「吉田勇監査役の意見」と記された部分で調子が変わる。「内部統制システムに関する判断に同意はしない」と驚きの言葉があった。監査役でありながら、監査役会の決定に従っていないという。

吉田氏は、リスク管理や法令順守体制の整備が不十分であることを指摘した。「監査の実効性を高めるため使用人の配属を求めたが、実施されていない」「監査実施時に虚偽報告や、不適切な売り上げの計上の疑いがあった」などの実例も挙げていた。

後日、私はすでに退任した吉田氏に会った。自宅近くの千葉県のある駅で待ち合わせし、喫茶店で話を聞いた。吉田氏によると、ある支社に出向くと、危険防止対策を図る「安全衛生委員会」を開いたという報告があったが、開催した形跡はなかった。1967年に入社した吉田氏は、総合企画室長や常務を経て2003年に監査役になった。「監査役は社長の部下ではない。株主から委託を受けている。必要なことはきちっと報告書に残すべきだ」と言っていた。

年に1度、義務付けられている監査報告書では、多くの企業の監査役は日本監査役協会のひな型を使い、「問題なし」という内容だ。吉田氏は「強い権限があるのに、ものを言わない方がおかしい。現場には法令を順守するための必要な人材、予算、権限が与えられていない。監査役の指摘が必要だ」。やはり、監査役にはこの品質・検査不正を防ぐ力と責務があると思う。

当時から、監査役業界は危機感を持っていた。2007年秋に大阪市であった日本監査役協会の全国会議。約1300人の監査役を前に関哲夫会長（新日本製鉄監査役）は「監査役の働きを、社内はもとより、株主や社会に知らしめることが重要」と訴えた。

会長に就いたばかりの関氏は、以前から監査報告書が「問題なし」ばかりという状況に不満を持っていた。「『監査役は機能していない』という意見があるが、何とかしたい。ダメなものはダメと勇気を持って言ってほしい」と言っていた。

日本監査役協会が策定した「監査役の理念」の中にある「監査役の行動指針」に、私の好きな言葉がある。

「判断の根拠を広く社会に求めるとともに現場に立脚した正しい情報を基づき、公正と信義を重んじた日々の監査役活動を遂行します」という一節だ。この「判断の根拠を広く社会に求める」というのがいい。経営者を監督・監査するということは、迷うことが多く、正論では済まないことの連続なのだろう。組織の存続も考えなければいけない。でも、最後には、歴史に対し、今の社会に対し、自分の家族に対し、恥ずかしくない選択をしてほしい。

機能しない内部通報

一連の品質不正問題を取材していると、共通しているのが、内部通報制度が機能していなかったことだ。なかには10年、20年と続いていた不正行為もあり、「なぜ、誰も内部通報しなかったのか」ということも問題視された。なかには習慣として、誰もが罪悪感を覚えなくなったケースもあったようだ。

内部通報制度は、組織に対する信頼がなくては機能しない。結局は多くの企業で形式的に導入していたため、通報がなかったというのが実態だ。２００４年に制定された公益通報者保護法だが、まだまだ不十分だ。告発した人の名前や属性が、不正の当事者や周辺に漏れているという信じられない事例が絶えない。これでは、せっかくの制度を誰も使おうとはしない。徹底的に通報者を守り、逆に昇進させるくらいでないと、根付かないと思う。

内部通報制度で不祥事が発覚した場合、一時的に苦しいときもあるが、いち早く、不正行為を止め、改善させて企業の継続性を高めた方が、役員、従業員ともに幸せなれるはずだ。

免震・制震オイルダンパーの検査データの改ざんが発覚した油圧機器大手のＫＹＢでは、２０１９年２月にまとめた再発防止策で、内部通報を確実なものとするため、製品の品質や安全性に関する不適切行為のときは義務化することや奨励制度の検討も盛り込まれている。広まって欲しい提言だ。

経団連でも

品質・検査不正問題では、財界の総本山とも言われる経団連も矢面に立った。

２０１７年11月27日の定例会見で榊原定征会長は、三菱マテリアルの不祥事について、「極めて残念。日本を代表する大企業で不祥事が続いており、日本の製造業への信頼に影響を及ぼしかねない深刻な事態と受け止めている。すぐに日本の製造業全体への信頼が揺らぐとは思わないが、危機意識を持ち、初心に戻って信頼を回復していかなければならない」と発言している。榊原会長は、直前の11月8日に改訂版を出したばかりの経団連の企業行動憲章を持ち出し、第10条において、経営トップが実効あるガバナンスを構築し、社内とグループ企業に周知徹底を図るよう求めていることを紹介し、不祥事の防止を呼びかけた。

10条にはこうある。「経営トップは、本憲章の精神の実現が自らの役割であることを認識して経営にあたり、実効あるガバナンスを構築して社内、グループ企業に周知徹底を図る。あわせてサプライチェーンにも本憲章の精神に基づく行動を促す。また、本憲章の精神に反し社会からの信頼を失うような事態が発生した時には、経営トップが率先して問題解決、原因究明、再発防止等に努め、その責任を果たす」

しかし、皮肉にも、その会見の翌日だった。榊原氏が社長・会長を務めた出身母体の東レでもデータ改善が発覚した。東レが、子会社で生産するタイヤ補強材など一部の品質データを不正に書き換えていたと発表した。２００８年４月から16年7月に製造した品で１４９回書き換えが行われ、タイヤメーカーなど13社に出荷していたという。

榊原会長はその後、記者団の取材に対し、「自分のおひざ元でこうした事態が発生し、慚愧に堪えない。東レ相談役として心からおわび申し上げます」と述べるなど対応に追われた。

２０１８年5月、経団連の新会長に中西宏明・日立製作所会長が就いた。この直後の6月下旬、日立製作所グループでも同様の品質不正が起きた。日立化成の名張事業所で造っている産業用鉛蓄電池の一部で、検査成績書に実測値とは違う数値を記載していた可能性が出てきたという。製品の性能や安全性には問題ないが、特別委員会を設けて全社的に調べることを決めた。

これで2代続けて、経団連会長の会社から品質・検査不正が発覚したことになる。

2018年7月5日の会見で中西会長は「極めて残念だと思います。（不正が）絶対あってはいけないことが日立のカルチャー。再発しないように徹底して直してくださいという話を（日立化成の社長に）した」と日立グループの文化を誇った。そのうえで「重大な問題。現場の問題ではあるが、まさに経営問題。経営者の集まりである経団連では引き続きそういう議論を深めたい」と説明した。

4カ月後の11月5日の定例会見で、私がこの日立化成の不祥事についてたずねたところ、中西会長は、「（日立化成は）上場企業で、細かく指示する立場にない」と言い切った。違法性はなく、顧客にも迷惑をかけていないことを強調し、「かえってそれが見逃すことになったのでは」と分析した。経団連の対応については、「個別企業についてできることはあまりない」と言った。「日本の製造業に対する信頼度でかげりがでかねない。（経営者は）現場に密着し、意識改革も含めてやっていくべきで、警鐘はならしていきたい」などと比較的、冷静だった。

11月22日に日立化成は調査報告書を公表。予想を超えた深刻な内容だった。不適切な対応が見られたのは、日立化成の売上高の約14％を占める製品に及んだ。品質の検査を出荷先との約束と違う方法でやったり、検査結果を偽装したりする不正で、出荷先は延べ２３２９社にのぼった。名張事業所では6月の不正発覚後も、検査結果を改ざんする不正をしていた。その名張も含む5事業所では、所長が不正を知りながら経営陣に報告していなかったことも明らかになった。日立化成の経営層も処分された。部下から不正をすることを伝える電子メールを受け取っていた副社長は専務に降格し、部下の不正を了承するメールを送っていた執行役は役員から外れた。会長は兼務する親会社の日立製作所取締役から退いた。

経団連の中西会長も12月3日の定例会見で「重大なアラームだと一貫して思っている。品質は大きな課題。現場にかげりがでてきた。高度成長時代、大量生産を前提にいろんな形を作ってきた。それがそろそろ新しい現場作りをやっていかなければいけない時代になった。事実として、経営層と、現場の意識ギャップがでてきている。経営としては把握していなかった。それ自体が問題ではないか」と語った。

以前のコメントより、深刻度が増したと感じた。さらに年末の会見では「やっぱりガバナンスがしっかりしないとこんなことが起きる。現場が強いと思っていたが、空洞化してしまっている」と危機感を強め、ガバナンスの問題であるとの認識も示した。

経団連も手をこまねいているわけではない。２０１７年12月、「品質管理にかかわる不適切な事案への対応について」との通知を会員向けに出した。不正行為がないか企業がグループ内も含めて独自に調べ、法令違反があった場合に限って経団連に報告するよう求めた。そうしたところ、1年間で約30社から、「不正」の届け出がきた。会長・副会長の会社からの届け出も少なくない。

経団連の担当者は「経団連が求めた調査で率先して調べた結果、不適切な行為が見つかったケースもあるのではないか」としているが、各社の公表資料を見ると、きっかけは同業他社の不祥事や行政指導が目立っている。日立化成でも、経団連の呼びかけを受け、2018年に製品コンプライアンス監査を実施したことが調査報告書に書かれている。「しかし日立化成は、各事業本部に漫然と当該監査の実施を委ねており、(中略)監査にかける時間が短時間でありサンプル数は極めて少数であった」などと、発見にいたらなかったことを反省点としてあげている。あと一歩、踏み込んだ対策を期待したい。

メーカーの矜持

私が品質・検査偽装で思い出すのは、トヨタ自動車のことだ。2003〜2004年にトヨタ自動車を記者として担当したことがあった。工場を見学し、工員の無駄のない動きに感心した。みなでカイゼン提案もしていた。会社としても現場重視の姿勢は明確だった。

そのトヨタが不祥事に見舞われた。系列販売会社に1級小型自動車整備士技能検定の筆記試験の一部が事前に漏れていたことが表面化した。2003年12月2日のことで、国土交通省が発表した。

当時の張富士夫社長の行動は早かった。翌日の12月3日午前、マスコミの前に現れた。国土交通省の記者クラブに出向き、記者会見を開いて謝罪した。当時、名古屋勤務の私はその機敏な動きに驚いた。トヨタはその10日後の12月中旬、所管する副社長を3カ月間4割の減俸とするなど9人の社内処分のほか、奥田碩会長と張社長ら代表取締役10人が役員報酬を自主返納することや、漏洩を了承した技術・人材開発室長を諭旨（ゆし）退職とすることを発表した。この不祥事はこれで終わったように静かになった。

このときの広報担当者は後日、私にこう言った。「トップが逃げないと、広報部門は本当にありがたい」。確かに責任のとりかたも大切だが、何より必要とされているのはスピード感だ。さらにトップが自ら出てくるとメディアは落ち着くものだ。

持ち上げるつもりはないが、張社長は、「怒ったところをみたことがない」というほど温和で知られた人だった。愛知県にある当時の張社長の自宅は、田んぼに囲まれたあまりにも普通の家で印象的だった。深夜でも、自宅で帰りを待つ記者に対応してくれた。会見の後、呼びかけると必ず振り向いて数歩、歩み寄ってくれた。夏の日中、家の中から携帯の蚊取り線香をぶら下げて出てきたこともあった。いやな思いをしたことがない。

米国のトヨタの取材でこんな話を聞いた。張氏が米国の工場長をしていたころで、作業ミスで生産ラインを止めた米国人の従業員が張氏に呼ばれた。なぜミスをしたのかを根掘り葉掘り、聞かれた。この従業員は辞職を覚悟した。ラインを止めることは米国では解雇事由になるらしい。だが、張氏は「正直に話してくれてありがとう」と職場に戻るように指示し、この従業員は一瞬、あっけにとられたあと、何のおとがめもなかったことを知り、涙を流したという。

おそらく誇張があると思うが、張氏らしいエピソードだと思った。張氏の評価にもいろいろあるのだが、グローバル企業のトップにもいろんなタイプがあることを知った。

鉄鋼メーカーの幹部から、こんな声を聞いたことがある。２０００年の頃だ。本社がある大手町のビルを訪れ、「立派なビルですね」と私が言ったところ、「本社なんかどうでもいいですよ。お金があれば工場に回す。それがモノづくりの会社ですよ。できるだけ質素にしています」。「立派」とは言ったものの、確かにさほど、新しいビルではなかった。

それから20年近くたった。東京駅から皇居側に位置するのが日本のビジネス街、丸の内・大手町を歩いていると、いつも思うことがある。

２００２年の丸の内ビルディングを皮切りに都心では多くのオフィスが高層に建て替えられた。メーカーや商社、メガバンクなどが入居し、天井が高く、テニスコートが何枚もとれるような広々としたロビー。この世のモノとかと思うような豪奢なつくりだ。眼下に広がる都心の風景、かしこまった受付の女性たち（なぜか必ず若い女性だ）。来訪者は驚き、威圧され、緊張もする。「本社なんかどうでもいい」と言っていた鉄鋼メーカーのビルも立派な高層に建て替わった。「工場や現場の人たちにお金を掛けているだろうか」と歩きながら感じてしまう。２０１７年、２０１８年と、工場における品質・検査不正が相次いだが、丸の内・大手町など都心の反映ぶりとは違う世界のことのようだった。

東京のあちこちで開発が進んでいる。しかし、この間、地方は疲弊し、各企業は人件費の抑制などコストカットを着実に進めた。分社化や業務委託も進んだ。これはテレビ局の記者に聞いた話だが、取材記者はテレビ局の採用だが、カメラマンやマイクを持った人はそれぞれ違う会社から来るという。制作会社も別にある。その中で一つの番組をつくることに向ける意欲もそれぞれ違う。混乱しながらやっているという。何かがおかしいと思う。

たまたま、東京電力の原発事故を取材していたとき、驚いたことがある。政府の事故調査・検証委員会の資料（中間報告）にはこんな記述があった。

「平成23年（２０１１年）東北地方太平洋沖地震（東日本大震災）発生当時は、東京電力の従業員約７５０人が構内に勤務していたほか、４号機から6号機までの定期検査等により、常駐する協力企業の従業員数を含めて、約５６００人の協力企業の従業員が構内に勤務していた」

ほとんど（87％）が協力会社ではないか。おそらく少なからずの協力会社の人たちも事故の収束に全力を挙げたことだろう。しかし、権限と立場を考えると、できることにも限界がある。生命に関わるような過酷事故が実際に起きて、東電の社員でさえ逃げ出したいと思うような場面だ。そのとき東京電力の社員たちが「一緒に事故対応を」とは言い出しにくかったのではないか。

コストダウンを目的に賃金体系を本社より下げ、分社化や子会社を設立する動きが、多くの企業でこの30年間、急激に進んだ。職種や業態にもよってやむを得ない判断なのだろうが、目先の利益を上げるためあまりにも安易な手段に頼ってきたのではないかと思っている。

品質・検査不正を起こした企業の第三者委員会の報告には「経営と現場の乖離」という言葉が必

ずと言っていいほど出てくる。

経営者はこの数年間、コーポレートガバナンス・コードなどで株主重視の姿勢を強めた。現場を回っている余裕はなかったのでは、と同情もしたくなる。その中で現場は、コストダウンを求められ続ける。利益は配当や自社株買いに回され、従業員に対する労働分配率は低迷し続けた。

この一連の品質・検査不正は起こるべきしておこった必然なのかもしれない。

株主オンブズマンのねらい

２０１９年2月、関西大学の教授だった故・森岡孝二さんの追悼シンポジウム（大阪市）に参加した。遺稿となった『雇用身分社会の出現と労働時間』（桜井書店）を読むと、一章を使って、相次ぐ大企業の品質不正とその背景について見解を述べていた。その中で森岡さんはこのように指摘している。

「バブルが崩壊した１９９０年代半ば以降、日本企業は経済活動のグローバル化のなかで経済成長を遂げた新興国との競争にさらされ、雇用削減や人件費の引き下げを迫られ、非正規従業員を増やしたり、外部に業務を委託したりする動きを強めた。その結果、熟練技術者が少なくなり、現場力が崩れた。それとともに、法令や規範を守る意識も弱まった」

「最も重要なことは企業文化を変えることである。遠回りかもしれないが、労働時間の短縮が不正の温床をなくす第一歩だと思われる。ワークルールが遵守されず、違法な長時間労働や賃金不払いの残業が蔓延するもとでは、企業のどんな労務コンプライアンスも形骸化してしまう。従業員が物を言える職場づくりのためにも、まず労働時間からまともな働き方を実現する必要がある」

「まともな働き方」は、森岡さんのよく口にしていた言葉だった。

いま、非正規社員は当たり前になった。厚生労働省の労働力調査によると、非正規の雇用者は9年連続で増え、2120万人（2018年）と、全雇用者5596万人との4割を占める。森岡さんもこの非正規雇用を当初から問題視してきた。働き方を変えるには、企業そのものを変えないといけないという信念から、株主オンブズマンを1996年に設立し、自ら代表に就いた。

株主オンブズマンの活動をまとめた冊子「会社ウオッチ10年の歩み」によると、8つの目的がある。

①開かれた株主総会のためのキャンペーン
②企業の違法・不正事件に対する株主代表訴訟
③企業の政治献金の中止を求める代表訴訟
④企業の透明性と社会責任を問う株主提案
⑤粉飾決算事件に対する損害賠償請求訴訟
⑥障害者法定雇用率の達成を求める運動
⑦上場企業に対する種々の調査活動と提言
⑧海外調査と国際交流

と多岐にわたるが、ここから分かるのは企業を社会的な存在としてとらえ、市民社会のコントロール下におこうとしていたことだ。

特にマスコミが注目したのは、ソニーに対して求め続けた役員報酬の個別開示だ。日本の上場企業は取締役全体の報酬総額を開示すれば済むが、個々の報酬も株主に公開すべきだという主張だ。これを2002年の株主総会に出して27％の賛成率があった。それ以来、少しずつ賛成する人が増え、2007年には44％の賛同を得た。金融庁は2010年から、1億円以上の役員について開示を義務づけているが、この制度の創設に向けた流れをつくったといえる。

2000年に食中毒事件を起こした雪印（現・雪印メグミルク）にも株主提案をした。2002年6月の株主総会で、消費者団体から社外取締役を招いて、食の安全と表示を監視する制度を求めた。これを会社側が受け入れ、全国消費者団体連絡会の事務局長だった日和佐信子さんが選任された。人は代わったが、この考えは今も続いているようだ。当時の朝日新聞は「消費者団体からの役員選出は食品業界では初の試み」と伝えている。日和佐さんも会見で「消費者の不安の一因は、食品企業がどんな考えを持っているか理解できないことにある。まず実態を知り、どこに問題があるか探るところから始めたい」と抱負を述べていた。

消費者が存在するから企業は成り立っている。これは誰にも動かせない事実だ。雪印の試みがもっと広まってほしいと思う。

まともな働き方を

株主オンブズマンをもっとも特徴付ける行動は、株主代表訴訟だろう。

株主代表訴訟とは、取締役といった役員が違法行為をして会社に損害を与えた場合、株主が裁判所に損害賠償訴訟を提起できる制度だ。本来なら会社がその役員を訴えるべきだが、往々にして、役員同士でかばいあい、「会社のためにやったのであって、私腹を肥やしたわけではない」などといろんな理由を付けて、訴えない可能性がある。そんな場合、規律を保つために株主が会社に代わって訴えることができるという仕組みだ。会社に損害を取り戻すことが目的で、訴えた株主に賠償金が支払われることはなく、株主はいわば、ボランティアでの活動となる。

株主代表訴訟は、役員個人が訴えられるため、役員の緊張感を高めるもっとも効果的な方法とも言われる。これを社会運動として株主オンブズマンが実践した。

大阪地方裁判所近くの雑居ビルの一室に平日の夜、10人ほどが集まり、手弁当で活動を続けてきた。私も何度か取材で出向いた。2011年ごろから活動は縮小していき、株主の権利弁護団が代表訴訟を引き継いだ。

森岡さんの本業は労働問題だった。2008年6月下旬、東京・秋葉原で起きた無差別の殺傷事件について、関西大学の研究室に森岡氏がどう受け止めかを聞きにいったことがある。この容疑者が青森県出身で派遣職員として働く場を転々としていたためだ。森岡さんは、「事件は許されることではない」と前置きしながら、「職場では『派遣さん』と呼ばれる。名刺もない。存在が認められない人です。先が見えず、まともな働き方ではない」と非正規が増える現状をなげいた。別の訪問時には、大学生の就職活動にも話が及び、人権を侵害するようないわゆる圧迫面接にあって自信を失い、自殺する学生もいると訴えた。

亡くなったのが２０１８年8月1日、慢性心不全だった。8月4日に静岡県労働研究所で講演会を予定していた。亡くなる前、メールで当日の資料が送付されてきたという。受け取った同研究所の萩原繁之弁護士がその資料を使って代わりに講演した。森岡さんの著作物を使いながら、その思いや考えを代弁したという。資料のタイトルは「働き過ぎのメカニズム。労働時間短縮の運動」だった。日本人の意識を変えようとする意思は確実に引き継がれている。

今回、一連の品質・検査不正の皮切りとなったとも言える神戸製鋼所に対しても、株主オンブズマンは、2度も株主代表訴訟を起こしていた。1回目は、総会屋に対する利益供与事件で、２００２年4月に和解が成立した。和解調書で神戸製鋼所は再発を防ぐため、法令順守特別委員会を社内に新設することを約束している。橋梁談合事件でも、神戸製鋼の役員らを訴えた。こちらは２０１０年2月、神戸地裁で和解。和解条項には、会社側が「談合防止コンプライアンス検証・提言委員会」を立ち上げることなども盛り込んだ。

私ごとで恐縮だが、経済記者として鉄鋼業界を担当していたこともあり、日本国内の主立った製鉄所は見学している。神戸製鋼所の高炉も取材したことがある。お湯と呼ばれる銑鉄（せんてつ）が溶鉱炉から流れ出て、太陽と同じようなオレンジ色の光を放っていた。炉内の温度は２０００度とされる。そのお湯を管理するのは並大抵ではない。光の具合や、色、粘り、音などで判断する。温度計もあるが、最後は人の「暗黙知」だった。お湯の色も、白っぽいのは高め、オレンジ色が強いのは低めだと教わった。職人に聞くと、「流れるときの波の立ち具合や、煙の上がり方が違う」とセンサーではとらえきれない銑鉄の微妙な動きをとらえ、事故の「芽」をつぶしていた。多くが高校を卒業後、現場で働き、日本のモノづくりを支えてきた人たちだ。

その後、私は自動車産業も担当し、どこの工場に行っても、「愚直」という言葉がそのまま当てはまるような人たちに出会った。そのたびに「この国の経済の強さは現場にある」と確信した。それだけに、今回の品質・検査不正のことは、実に信じられない思いだ。本社や営業部門に無理難題を押しつけられ、経営者はコストダウンばかり言う。きっと現場は辛かったに違いない。おそらく彼らの「自衛」であって、現場の「創意工夫」で乗り切ろうとしたのではないか。もちろん、彼らも聖人君子でもない。一人の人間だ。追い詰められた場合、「このくらいなら」「ここまでなら」と思うのも当然だ。その場に立っていたら私だってきっとそうしたと思う。責められるべきは、現場の苦しみに鈍感だった歴代の経営陣だと強く思う。

かんぽ生命も品質不正の一つだ

2019年12月、日本郵政グループのかんぽ生命保険で不正が疑われた契約が1万2836件あったことが明らかになった。

朝日新聞の報道によると、判断力や理解力が鈍った高齢者が狙い撃ちにされているようだ。お年寄りは共同体意識が強く、戦中、戦後の貧しい時代を助け合って生きてきた。簡単に隣人を疑うようなことはしない。それだけにやるせない不祥事だった。「日本人はこんなに劣化したのか」との思いを持った人も多かったのではないか。

私はこれこそコーポレート・ガバナンスの問題だと思っている。

日本郵政の長門正貢社長は12月18日の会見で「なぜ情報が上がってこないのか。これを解かないと再発防止にならない」と語った。居合わせた記者たちは瞬間的に思った。それをつくり上げるのが経営者の仕事ではないのかと。

これはまさしくこの数年、メーカーで問題視されていた品質・検査不正と同じ構図ではないか。現場という唯一、価値を生み出す空間を軽視した経営者たちがいかに多いことか。

２０１８年、かんぽ生命保険の不正販売を報じたＮＨＫに日本郵政の副社長が抗議していた。メディアを通じて現場から出た声をふみにじったといえる。２０１９年の秋になっても、新聞社に毎日のように被害に遭ったというメールや投書が次々と届く。「父が」「母が」という内容だ。多くのお年寄りが「郵便局」を信用していた。そういえば数年前から年賀はがきのノルマ達成のため、自費で購入する「自爆営業」も問題になっていた。

かんぽ生命の件は、本当にやるせない企業不祥事だが、引き返したり、修正したりするチャンスは何度もあった。それをできるのは経営者だけだ。その貴重な機会の一つを元高級官僚の副社長がつぶした可能性がある。２０１９年12月27日に金融庁はかんぽ生命と日本郵便に対して３カ月の一部業務停止命令を出した、日本郵政の長門社長ら３社長が辞任を表明したが、経営者と監査を担当する役員の責任は限りなく重い。

第6章　渋沢栄一とコーポレート・ガバナンス

君子の商となれ

黒板には「為君子商　無為小人商」とあった。

「日本の資本主義の父」と呼ばれる渋沢栄一（1840～1931年）が論語の一節をもじったもので、「君子の商となれ、小人の商となることなかれ」と読む。

2019年3月18日、東京・国立の一橋大学の兼松講堂で行われた学位記授与式（卒業式）の終了後、別の教室に商学部の学生が集まり、学位記が交付された。一橋大は、渋沢との縁が深い大学だ。その渋沢の研究者としても知られる商学部の田中一弘学部長は、280人の商学部卒業生を前にこの一節を黒板に書き、説明を始めた。

「商とはビジネスに携わる人のこと。知識や技量で高い成果を上げるだけでは小人にとどまる。その上で、人として卑しい振る舞いをせず、社会に貢献する志を持ってほしい。それが君子です」

最近の日本企業で多発する経営者による不祥事にも触れた。「経営手腕があるかどうか、法を犯したかどうかだけが問題なのではない。リーダーとして道徳的にどうだったかが根本の問題なのです」

田中学部長はさらに続けた。「皆さんは、ここで学んだことやこれから育てていく力を、自分の報酬や昇進のみでなく、社会の発展のために使ってください。しかし同時に、不義・不正を犯すくらいならあえて富貴栄達の道をとらない覚悟をもつことも、君子の商には求められます」。

企業社会に生きていれば、不正に直面することもある。ただちに違法とはいかないまでも、グレーゾーンで判断を迫られることもある。その場合、自ら是正しようとする姿勢も大事だが、それがかなわないときもある。そんな場合、田中学部長は「富貴栄達の道をとらない覚悟をもつことも」との表現で、自らその道を下りることも君子の道だと諭した。ありきたりのはなむけの言葉よりも、よほど心のこもった贈る言葉ではないか。

東京商工会議所によると渋沢栄一は約481社の創業にたずさわった。同時に道徳や倫理を重んじ、ビジネスと両立させるべきだという「道徳経済合一説」をとなえた。渋沢は、倫理を説く儒教に傾倒した。講演録として出版され、そのタイトルにもなった「論語と算盤」は渋沢の言葉だ。非常に分かりやすく、メッセージが伝わるタイトルだ。まさしく今のコーポレート・ガバナンスを象徴する言葉で、大正時代にすでにこのような概念が生まれていたことに驚く。

『論語と算盤』は当時から経済人の間で読み継がれてきた。田中学部長も渋沢にならい、人間の良心からコーポレート・ガバナンス（企業統治）を考える研究を続けている。田中学部長の著書『「良心」から企業統治を考える』（東洋経済新報社）の中にこんな一節がある。

「従業員が必要な収入を得て生き生きと働いていること、それが彼らの家族に安心した幸せな生活を可能にしていることを嬉しく思わない経営者がいるだろうか」

目から鱗だ。ほかにもこんな言葉があった。

「『株主のためにがんばろう』と本気で思う従業員はほとんどいないだろう」

確かに「株主のために働く従業員」という話は聞いたことがない。では、従業員は誰のために、何のために働くのか。普通に考えれば、自分のため、家族のためで、あとは顧客のため、取引き先のため、という人もいるくらいだろう。少なくとも株主のためではない。

翻って、なぜ、会社の所有者とも言える株主のために働かないのか。それは、一人の人間として顔が見えないことに加え、株主という位置づけが影響しているのではないか。つまり、株主はその会社がいやになったり、損失や利益を確定させようと思ったりすれば、その時点で株を売ればそれで会社との縁は切れる。そんな関係性で、その人のために、とは誰も思わないのだろう。

『「良心」から企業統治を考える』では、このような人の人との近さが、道徳心を呼び起こすものとしてとらえられている。そして、社内出身者でつくる取締役会や、株式の持ち合いに一定の評価をしている。相手の顔が見える分、そこに信頼、敬意、貢献という思いが生じるとしていると指摘する。このことを田中学部長は「良心を喚起しやすかった日本の企業システムと価値観」という章を立てて解説している。欧米発のコーポレート・ガバナンス論が幅をきかす中で、あえて人間というものに光を当てた。

「経営者は自らが『応える』べき期待や敬意、信頼、貢献を社内取締役から与えられている」とし、社内出身の取締役らについて「経営者が自らを規律づけるためのいわば『触媒』にはなりうる」と定義している。

十数年前から、特に民主党政権から安倍政権になったこの7年間は、コーポレートガバナンス・コードができるなど、日本型統治システムと呼ばれる仕組みは否定されがちだった。社内出身の取締役は社長の部下で牽制がきかない、持ち合い株で経営者同士が信任し合って緊張感がなくなる……などと批判を浴びてきた。金融庁や経済産業省は、経営者から独立した社外取締役を1人でも増やし、持ち合い株（政策保有株）の縮減を促し、経営者にリスクをとる事業展開をしてもらおうと経営者に業績連動型報酬の導入を勧めてきた。企業も機関投資家の要請を受ける形で、配当を増やし続けた。それが最近のコーポレート・ガバナンスの流れだ。

この状況で田中学部長は、これらの日本型の経営に光を当てた。大胆な意見だったが、読み進めていくと、非常に納得感が高まっていく本だ。

1万円札に

田中学部長が研究する渋沢栄一は、東京商工会議所（以下、東商）の初代会頭だ。2018年秋、東商が入る丸の内二重橋ビルが完成した際、像を造って一階のロビーに置いた。この像が2019年4月9日、脚光を浴びた。

この日の午後、渋沢から数えて21代目の会頭、三村明夫・日本製鉄名誉会長は像の前で記者会見に応じた。渋沢の肖像画が1万円札に採用されることが決まったためだ。三村会頭は「うれしいですね。8万の会員がよろこんでいる。紙幣という形で毎日、渋沢栄一の顔を見ることができる」

2018年、東商は創立140周年を迎えた。これを記念し、数字の語呂合わせで「意志を(140)つなぐ」を東商のキャッチフレーズにした。その「意志」は、渋沢栄一が「論語と算盤」などで語った精神で、三村会頭は「私益と公益は合致するという考えは、経営者の守るべき一つのモデルだ。欧米とは違う資本主義で、その精神を思い起こし、現代にいかしてほしい」と語った。

渋沢は481の会社の創業に関与したという。東商の調べでは、このうち296社が継続し、合併などで今は185社になっている。

私が注目したのは、1万円札に決まったときの会見で三村会頭が「(日本の産業界は)欧米とは違う資本主義だ」と明言し、近江商人の三方良しの伝統(売り手よし、買い手よし、世間よし)を挙げたことだ。経営者の中には、渋沢栄一の精神が残っているのだろうか。

渋沢栄一と大谷選手

2019年5月中旬、東京・兜町(かぶと)近くの会議室では、40人近くが参加した『論語と算盤』経営塾」が始まっていた。主催したのはコモンズ投信の渋沢健会長。渋沢栄一のやしゃごだ。司会も渋沢さんが務めた。参加者の自己紹介のあと、正面のスライドにはエンゼルスの大谷翔平選手が映し出された。「渋沢栄一と大谷選手。関係あると思いますか」と問うと、多くの人が首をひねった。

大谷選手は日本ハム時代、渋沢栄一の「論語と算盤」を読むことを目標の一つにしていたという。「論語と算盤」の愛読家でもある栗山英樹監督に手渡されたことがきっかけらしい。

渋沢さんは、栗山監督の著作の中にある「見えない未来を信じろ」という言葉を紹介し、「二刀流という大谷選手の未来を信じた。この言葉は『論語と算盤』のエッセンスでもある」と説明した。

経営塾は1年間かけて『論語と算盤』を読む。2019年で11年目になった。この日は初会合で起業家やNPO幹部らが集まった。「しっかりとした経営方針を持ちたい」「何か新しいことをやりたい」などと、みな思いを語った。「1年たつと顔つきが変わりますよ」と渋沢さん。

米国の金融機関で働いていた渋沢さんも「論語と算盤」の影響を受け、2007年にコモンズ投信を設立した。短期の売買ではなく、長期間、日本企業の株を持ち、企業の成長を信じる。社会貢献にも力を入れ、渋沢栄一の理念を貫こうとしている。

コモンズをつくった理由は、日本の経済・社会に「新しいお金の流れ」をつくりたいと思ったからだ。「一人ひとりの未来を信じる力を合わせて、次の時代を共に拓く」ということを存在意義としている。「個人の長期的な積み立て投資を集め、今日よりもよい明日を実現させる共創資本という大河をつくりたい」と話し、目指すのは「共創資本主義（ステークホルダー資本主義）」という。

関経連の訴え

経営者の中から、金融庁や経産省など政府が推し進めるコーポレート・ガバナンスの強化策に対し、異論が出てきた。

２０１９年３月、関西経済連合会は「わが国のコーポレート・ガバナンスの強化に関する意見――企業と投資家との実効的な対話促進に向けて」と題する意見書を公表した。タイトルはいかにも今のコーポレート・ガバナンスの流れを加速させるように見えるが、実はそうではない。

内容を大まかに説明すると、①３カ月に１度の割合で義務付けられている四半期の決算発表は必要ない（半年に1回でいい）、②社外取締役を入れるか、入れないかは各社の判断に任せるべきだ、③政策保有株（株式の持ち合い）を一律に減らすことに反対する、④ＲＯＥ（自己資本利益率）ばかりが経営の指標となるのはおかしい。

四半期決算の義務づけについて、関経連の意見書は「企業経営や投資家の短期的利益志向を助長するという問題のみならず、人的資源の効率的投入や長時間労働の是正といった働き方改革の観点などから、開示の義務付けは廃止すべきである」と訴えている。その理由として、決算発表においては、そのデータで投資家が株を売買するため、間違いは許されず、経理や財務部門の職員が疲弊しているという。それに、この数年は、中・長期的な投資が推奨されるなか、短期的な指標となっている四半期決算の必要性が薄まっていると考える。関経連の会員アンケートでも、多くの企業が、強制ではなく、自主的な開示を求めていたという。関経連の松本正義会長（住友電気工業会長）は言う。「四半期決算をやめることでできた時間を機関投資家と話し合う時間に充てればいい。互いにメリットがある」

さらに「機関投資家からも四半期開示は必要ないという声も出ている」(関経連幹部)という。

2019年1月28日に金融庁であった「スチュワードシップ・コード及びコーポレートガバナンス・コードのフォローアップ会議」の議事録を見ると、いちごアセットのスコット・キャロン社長は、四半期決算開示の義務づけの解消について「私も賛成です。半期ベースでも十分に投資家のためになる開示ができますので、選択と集中で半期ベースの充実された開示を目指した方がよいのではないかと、投資家として思っております」と語っている。

独立社外取締役についても関経連は「取締役の構成については各社の裁量に委ねるべき」だとした。独立社外取締役は東京証券取引所(東証)の用語で、会社法で定められた社外取締役よりも独立性の高い基準を設けている。この独立社外取締役について、金融庁は複数の選任を求めているが、関経連は「形式的に流れる可能性がある。取締役の構成については、経営環境や求める人材像等に応じて各社の裁量に委ねるべきである。人材が不足しており、確保のハードルも高い」と真っ向から反対している。背景には、今も社外取締役が十分に役立っていないとの見方がある。

株の持ち合いなどを意味する政策保有株式の縮減についても問題視する。「企業における事業戦略の幅を狭め、結果として持続的な企業価値向上の妨げとなる懸念がある。政策保有株式の意義は、安定株主の確保という観点から、現在では事業提携・戦略的提携という意味合いに変わりつつある」と解説し、「縮減することがあたかも望ましいといったメッセージを発信すべきではない。経済合理性の検証は、企業としても日頃から意識して行っている」と経営者として十分な目配せをしているとの立場を強調する。

ＲＯＥについても「資本効率をはかる指標のひとつではあるものの、資本効率の全体像を示すものではない」と断じた。ＲＯＥは、米国の議決権助言会社のＩＳＳが２０１５年度から経営トップの取締役選任議案に反対する基準として「過去5期平均のＲＯＥが5％を下回り、改善傾向にない場合」と設定したことや、２０１４年の経済産業省の報告書が日本企業に対して最低ラインとしてのＲＯＥ８％という数値を打ち出してから、日本企業に大きな経営指標として認識されるようになった。

これに対し、関経連は「企業が置かれた状況を投資家が適切に評価できるよう、経営指標のあり方やその達成手段などについては、企業が投資家との対話を重ねた上で模索されるべきである。ＲＯＥなどの単一の指標のみを過度に重視することは適切ではない」と堂々と自説を展開している。

関経連の提言は、機関投資家が幅をきかす金融資本主義からの脱却をめざしているように見える。関経連の意見書の中でそんな記述があった。一部を紹介したい。

「わが国には『三方よし（売り手よし、買い手よし、世間よし）』『企業は社会の公器』といった経営哲学が企業文化として脈々と受け継がれている。機関投資家に加え、株主、従業員、顧客、取引き先、地域社会等といった多様なステークホルダーとの関係性を重視しながら企業価値を持続的に高めていくといった価値観である。この価値観は、急速に広がっているSDGsに向けた取り組みやESG投資の理念と合致するものであり、こうした経営哲学を根底に持つわが国は、世界のコーポレート・ガバナンスの潮流を牽引していくべきであると考える」。

渋沢栄一の思想を受け継いだような文章だ。関経連の幹部は言う。「経団連は政府に近いだけに言いにくいこともあるだろう。関西から本当のことを発信したい」

東レの日覚氏

1990年代に入って時代はグローバル化し、米国を中心に「金融資本主義」が急速に広まっていった。カネがカネを生む時代だ。為替取引で実需は1割ほどで9割は投機とも呼ばれる。その中で「金融資本主義」を正面から批判する大企業の経営者に出会った。

東レの日覚(にっかく)昭広社長だ。モノづくりの観点から、米国発の金融資本主義を批判する。一方で、その米国で、金融資本主義から脱却する動きが活発になっていることも指摘する。2019年春、インタビューする機会を得た。「今のコーポレート・ガバナンスの動きをどう思いますか」と水を向けると、日覚氏は米国の今の動きを話し始めた。

例としてあげたのが、民主党の大統領候補エリザベス・ウォーレン上院議員と、Bコーポレーションの二つだ。ウォーレン上院議員は、取締役の40%を従業員が選ぶことなど地域や取引先などを重視する新たな仕組みを提言している。Bコーポレーションは認証制度で、この認証を受けると、環境や地域社会、社員に対してベネフィット（利益）をもたらす企業として評価される。アウトドアウェアのパタゴニアが有名だ。

日本はどうだろうか。日覚氏は、東証が運営するコーポレートガバナンス・コードには、企業経営者ではなく、機関投資家の要望が多く採り入れられているという。「経営者にリスクをとって事業展開しろとか、株価を上げることが中心だ」と指摘する。

日覚氏は「会社の目的は社会貢献です。日本には、近江商人に伝わる『三方良し』といった公益資本主義の考え方があります。社会の公器なんです」

その視点から、コーポレートガバナンス・コードで推し進める複数の社外取締役は本当に必要なのかと言う。この10年間で社外取締役が増える一方、より議論ができる場として取締役全体の人数は絞られ、少なくなった。その中で社外取締役が増えれば、さらに社内出身が少なくなる。現場と経営層が乖離する可能性があるという。

東レには繊維から医薬、水処理など多くの事業がある。取締役会は意思決定機関でもあり、「その部門の代表がいないとその事業は廃れていく。外部の意見が必要ならばコンサルトや専門家に頼めばいい」と日覚氏は考える。特に製造業では技術の分かる取締役も必要だと言う。

たとえば、現在の東レを支える炭素繊維も水処理膜も40年以上続けている事業で、収益の上がらない時代もあった。収益が上がるまで多くの事業で10年～20年かかるという。機関投資家は数年赤字が続くと、事業を売るか廃止しろと言ってくる可能性を指摘し、「損益だけ見ていれば、やめていたかもしれない。それでは長期的な研究開発ができない」

そのせいか東レでは今も社外の2人を入れて19人の取締役がいる。東証の調べでは、2018年時点で売上高1兆円以上の企業で見ると、取締役の平均人数は11・59人で、東レはかなり多い。「投機家のいいなりになる取締役ではいけません。評論家であってもいけないのです」

コーポレートガバナンス・コードでは、顧問・相談役も問題視する。日覚氏は、それらは企業が必要に応じて依頼していることだと考えている。「権力者として居座るケースもあるのでしょうが、それはごく一部であって、規則や指針で顧問や相談役制度を否定していいのでしょうか。政策保有株の縮減も求められていますが、持ち合いの何が悪いのでしょうか。本当に信頼し、組んで事業をやろうと思えば持ち合うこともあります」と話す。四半期決算についても、関経連と同じように「あれは無駄以外のなにものでもない。株の売り買いの材料がほしい人がいるのでしょう。長期的保有の視点で考えてほしいものです」と手厳しい。

そのうえで「企業は適正な利益をあげないといけません。株式会社の制度が悪いわけではなく、株主が投資家ではなく、瞬時に株を売買する投機家になってしまい、金融資本主義に陥っていることが過ちなのです。終身雇用だってすばらしいと思います。米国は景気が悪くなるとすぐに解雇します。従業員もそれを察知してすぐにやめます。簡単に人の首を切ってはいけないのです。教育に投資して、安心して働ける環境が大事です。そうしないといい人が集まってきません。いま、人や地域を大切にする日本的経営が注目されています。米国の大学が研究の対象にしています。米国のまねをする必要はないのです」と述べた。その信念は揺るぎない。

対立する価値観

財界の総本山と呼ばれる経団連がコーポレート・ガバナンスの意識を高めようと、２０１８年から本腰を入れ始めている。これまでは、社外取締役の導入策などに反対することが多く、どちらかといえば、ガバナンス改革の「抵抗勢力」と見られていたが、これが大きく変わろうとしている。海外での知見を取り入れながら、日本型ガバナンスのあり方を模索している。

「これからは企業の主体的な取り組みを促進したい」

２０１９年６月に経団連が開いたシンポジウム「実効あるコーポレート・ガバナンスの実現に向けて」の冒頭、井上隆常務理事が開催理由をこう説明し、意識の向上を呼びかけた。

シンポジウムでは、経団連がこの日に覚書を結んだ企業統治の国際組織インターナショナル・コーポレート・ガバナンス・ネットワーク（ＩＣＧＮ。本部・ロンドン）のケリー・ワリングＣＥＯもあいさつした。「高い基準での企業統治について、日本企業トップとの対話が進むことを期待したい」と日本のガバナンスの水準が急速に上がってきていることを示唆した。

シンポジウムでは、二つの価値観がぶつかった。

パネリストの一人で、30年近く日本の企業統治を見てきたゴールドマン・サックス証券のキャシー・松井さんは「ステークホルダー（利害関係者）資本主義から、株主資本主義へやっと移行してきた」と、日本型と言われる従業員や取引き先などを重視する経営から、株主を中心に据えた形になってきたという。

これに対し、建機大手コマツの大橋徹二会長は「メーカーにとっての企業価値とは、ステークホルダーからの信頼度の総和だ。お客様、代理店、従業員、投資家、地域社会……」とし、株主だけでなく、ステークホルダーに強いこだわりをみせた。花王の沢田道隆社長も、長期間にわたり新素材などの研究開発に取り組めるガバナンスが必要だと指摘し、ステークホルダー重視の姿勢を見せた。司会役の三井住友フィナンシャルグループの国部毅会長は、国によっても求められる企業統治が違うことを指摘。「単に欧米をまねるだけではいけない。企業ごとに異なるのも当たり前。日本の良さを生かしながら、自分の会社にあった体制を追求してほしい」とまとめた。

このテーマでのシンポは2回目。経団連では、2018年に会長になった中西宏明・日立製作所会長の意向もあって企業統治に積極的になった。この年にあったシンポジウムでは、中西会長が「日立の社外取締役は、以前は経営者の友人だった」と吐露し、形式的な統治から抜け出すべきだと訴えた。

経団連は2019年4月、国部氏を団長とする使節団を米国に派遣。機関投資家から、この数年の日本の取り組みが評価された半面、「政策保有株式の削減などを指摘された」(国部氏)という。こうした見方に対して国部氏は、歴史の長い企業が多くて地域社会も重視する従来の日本企業の姿を説明してきたという。今後、海外の投資家が納得できるような日本型ガバナンスを築き、説明していけるかどうかが焦点となりそうだ。

注目のICGN

2019年7月、経団連と提携したICGNの年次総会が東京のホテルであった。私が注目したのは、3日目の午前のセッションだ。テーマが「株主主義VSステークホルダー主義」とあったためだ。欧米型VS日本型と言い換えてもよく、このタイトルに驚いた。ICGNは機関投資家の集まりだ。つまり株主の集まりだ。その団体が、ステークホルダー、つまり従業員、取引き先、地域などを取り上げ、株主とどっちが大事か議論しようとしている。これは傍聴に行かなければ、と思った。

ステージ上の討論者は3人。1人目は、ICGNの幹部で、冒頭で米国の学者の調査を紹介した。「会社は誰のものですか」という質問を数年前、欧米や日本で実施したという。米国では76%が「株主のもの」と答えたが、日本では97%が「ステークホルダーのもの」と答えたという。この幹部は「株主モデルが支配的ではいけない。ステークホルダーの満足度も大切。二者択一ではなく、社会的均衡が必要だ」と言った。

2人目はカリフォルニア州教職員退職年金基金の担当者で、「受給者の中には100歳を超えている人もいる」と説明し、長期的な投資を心がけていることを強調した。

3人目は北川哲雄・首都大学東京の特任教授で、「会社は株主のものという定義が正しいとしても、その中身はずいぶん変わっている」と語った。大企業の多くは、長期的な企業価値の向上に努めていることを指摘したうえで、「それを支えるのは長期的な投資を重視する株主で、その株主構成で言えば、ステークホルダー重視に近いものとなる」

結局、会社は株主のものか、それともステークホルダーのものかという問いに対し、明確な答えは出なかった印象だ。少なくとも、「株主のもの」という単純なものではないことが明確となった。

7月16日には、ケリー・ワリングCEOらICGN幹部の記者会見があった。私は「政策保有株など日本の特徴をどう考えるか」と質問した。ワリング氏は「政策保有は一種の病気で、株主権利が阻害されている。政策株（の割合）が高ければ効果的なスチュワードシップ（機関投資家が運用を依頼された株主のために尽くすこと）はできない。日本のコーポレート・ガバナンスは『形式から実質へ』が目標となっており、廃止すべきだ」と述べた。

さらに、現在の1億円以上の開示ではなく、全上場企業の経営トップらの報酬も開示すべきだと主張し、別の幹部は「報酬体系によって会社の戦略や体制、体質を知ることができる」と説明した。株主の立場を代表する機関投資家はどんどん攻めてきていることは間違いない。果たして日本型はどこまで通用するのだろうか。

第7章　コーポレート・ガバナンス最前線

機関投資家の圧力高まる

２０１９年7月、機関投資家の三井住友トラスト・アセットマネジメントは、4～6月の株主総会での議決権の行使結果を個別議案ごとに公表した。上場企業の取締役の選任議案など１７６５社で計2万近い議案に対し、約３７００件近くに反対した。取締役にも一人ひとり賛否を明らかにしている。年々、行使基準を厳しくしているが、企業も社外取締役を増やすなどしてこれに対応しており、反対率は微減の19・５％だった。

その中で、やたらと反対議案が目立っている会社があった。ＬＩＸＩＬだ。

ＬＩＸＩＬでは、会長兼ＣＥＯを務めた創業家出身でもある潮田洋一郎氏と、潮田氏から「解任」された前ＣＥＯの瀬戸欣哉氏が対立。潮田氏ら会社側が提案してきた取締役の選任議案と、瀬戸氏らによる株主提案の取締役候補が対立していた。互いに取締役の候補を立て、取締役会での多数派を争った。

三井住友トラスト・アセットマネジメントは結果的に、重複をのぞいた会社側提案の全員に反対し、株主側の瀬戸氏提案にすべて賛成した。

この判断も影響し、会社提案の元財務省関税局長と元ベネッセホールディングス副会長の2人が賛成率44%と過半数を下回って取締役になれなかった。会社側の残り6人（重複を除く）は賛成率51〜57%とぎりぎりでの可決ではあったが、取締役の人数差で瀬戸がCEOに復帰した。

毎年、かなりの数の株主提案があるが、可決されるのはごくわずかだ。LIXILでも、米議決権助言会社が会社側に有利な推奨をしていたことから、「結果的に機関投資家は会社側につく」と潮田氏の勝利を予想する声が多かった。それだけに株主側提案が通ったとき、経済界には「意外だ。マスコミの予想とも違った」（経団連幹部）との受け止め方が広がった。

三井住友トラスト・アセットマネジメントは、賛否のポイントとして「コーポレート・ガバナンスの実効性」を重視した。どちらが企業価値の向上につながるかを、両者の話を聞くなどして判断したという。潮田氏側について、瀬戸氏を解任したときの行動において不透明感が強く、「コーポレート・ガバナンス不全」と判断した。一方、株主側提案は、ガバナンスの実効性に期待が持てる内容だったという。三井住友トラスト・アセットマネジメントでは念には念を入れ、社内に設けた大学教授らでつくる諮問委員会にかけるなど慎重に対応した。同社の福永敬輔・スチュワードシップ推進部長は「双方の言い分を聞き、差別することなく、公平に扱った結果」という。

LIXILの結果について、日本コーポレート・ガバナンス・ネットワーク理事長の牛島信弁護士は朝日新聞の取材に対し、「LIXILのケースはコーポレート・ガバナンス上、画期的だ。経営者を決めるのは株主だということが明確になった」と評価した。ＬＩＸＩＬ以外にも、２０１９年６月に野村ホールディングスが指名委員会の委員長を機関投資家の意向もあって入れ替えたことを指摘し、「海外の株主が増え、アクティビストと呼ばれる物言う株主が目立つようになった。彼らの提案に他の機関投資家も賛同する傾向にある」と話し、「アクティビストと機関投資家の幸福な同棲だ」と表現した。

さらに、これらの動きを後押ししたのが、金融庁によるスチュワードシップ・コード（機関投資家の行動規範）だと指摘し、「業績が良いか、それとも業績がよくなることを説明できる経営者以外は交代させられて当然という時代に入った。日本の資本市場が大きく前進しそうだ」と述べた。同時に、社外取締役の役割が重くなると見る。「ＬＩＸＩＬでも問われたことだが、これからの課題は社外取締役が実際に機能するかどうか。人数だけ増えれば良いのではない。これからは社外取締役にも責任を問う体制が必要だ」

２０１９年の総会では、武田薬品工業でＯＢや株主らでつくる団体が株主提案として出した「クローバック（カギ爪で戻すという意味）条項」も注目された。業績連動型の役員報酬が対象で、経営判断によって巨額損失が出た場合など、報酬額を減らしたり、返還させたりする制度で、高額報酬が進む欧米で広まっている。日本国内では珍しいが、それでも今回、過半数の52％の賛成があった。定款変更議案のため、可決には3分の2以上が必要で、否決となったが、相当数の機関投資家が支持したとみられる。

不祥事にも敏感だった。野村ホールディングスは2019年5月、金融庁から金融商品取引法に基づく業務改善命令を受けた。東京証券取引所（東証）の市場区分見直しに関する内部情報が出回り、これは有識者懇談会の委員に選ばれた同社の関連会社の研究員から漏れていた。これが「市場の信頼性を著しく損ないかねない行為」とされ、社債発行の主幹事業務から野村を外す動きにもつながった。これが6月の総会でも大きく影響した。永井浩二グループCEOの賛成率は62％と大きく下落した。

2019年6月の総会全体を見ると、やや残念なこともあった。2019年は個人株主の総会参加者が減った。

三井住友信託銀行証券代行コンサルティング部の調べでは、同社グループが総会事務を支援した983社の平均出席者は177人で、昨年の191人より減った。この数年、参加者のお土産を廃止する企業が目立ち、その影響で減少傾向が続いているという。もともと個人株主の議決権の行使比率は3～4割程度とされ、機関投資家の半分とみられている。

当面は機関投資家に対する注目が強まりそうだが、株式全体の2割を占める個人株主にも積極的な議決権行使を期待したい。個人株主が増え、議決権行使に積極的に動いたとき、会社はよりいっそう社会のものになる。

社外取締役20年戦争

時代が変わったなと、コーポレート・ガバナンスの取材をするたびに思い出す記事がある。

２０１２年7月18日付の朝日新聞朝刊の1面に「社外取締役義務化せず　法務省方針　経済界の反発に一転」という記事が出た。実は、私のささやかな特ダネだった。

当時、大企業に社外取締役を義務づけるかどうかで法務省の担当参事官は悩んでいた。法制審議会の会社法制部会が二つに割れていたためだ。簡単に言えば、大学教授ＶＳ経済界という構図だ。大学教授らは、経営者の規律を高めるため社外取締役の義務づけを強く求めた。しかし、経済界は規制を嫌い、「取締役をチェックするのは監査役でいい。あとは企業の自主性にまかせるべきだ」と猛反対した。結果的に法務省は経済界に軍配を上げ、義務づけを断念した。

それでも法務省は二つの仕掛けをしのばせた。社外取締役がいない場合、その理由を株主総会の資料で説明することを義務づけたのだ。さらに上場企業は社外取締役の確保に努める規律を東証で定めるよう部会で決めた。

その後、政権が変わったこともあるのだが、この法務省の仕掛けた流れが金融庁のコーポレートガバナンス・コードの作成につながったと思っている。

社外取締役は一気に広まった。２０１２年は5割程度だったが、２０１９年秋時点で98％の上場企業が導入している。当時を振り返って改めて考えると、「社外取締役を事実上の義務化へ」と書くこともまた、正解だったような気がする。当時、法務省の担当者がこんなことを言っていた。

「10年後にみんな自然な形で社外取締役を入れていますよ。こんな義務づけで悩んでいたことがうそのように思いますよ、きっと」。その通りだった。

社外取締役の義務づけは2001年の会社法部会でも議論になっていたが、このときも経済界などの反対で見送られている。2001年8月に私は朝日新聞の経済面に「社外取締役の義務づけに賛否」と長行の記事を書いている。そのときも経団連が社外取締役の義務づけについて、「規制緩和の流れに逆行している」「社外監査役の拡充を目指す与党の動きもあり、そうなればますます人材の確保は困難になる」などと猛反対していた。

2017年に始まった法制審議会の会社法制（企業統治等関係）部会でも、社外取締役の義務づけが最大のテーマとなった。当初、社外取締役の義務づけについて、経団連などはこれまで同様、「個々の企業の判断に任せるべきだ」と難色を示していた。一方で、機関投資家は今回の法務省の意見公募に「日本企業の信頼性確保のために必要」との意見を多く寄せた。現実的にほとんど上場企業で導入していることから、経団連内にも「反対する根拠が薄くなっている」（幹部）との意見が出ていた。機関投資家などは「必ずいるという安心感が必要」「義務化によって企業が真剣になり、社外取締役の質が向上する」などと、法で定めることを訴えた。

これをみて、法務省が経済界の説得に動いた。法律で義務づけると、社外取締役が急に亡くなるなどして不在になった場合、表面上は違法状態となる。法律違反を問われかねないとの懸念もあったが、法務省が一時的に欠けても直ちに違法状態にはならない、との見解を示し、部会の意見がまとまった。

その状況から、2019年1月9日の朝日新聞の朝刊で私は、「社外取締役、義務化へ　大企業に1人以上　会社法改正案」と書いた。記事の本文では「すでにほとんどの上場企業が社外取締役を入れているが、法律で定めることで役割を明確にし、経営監視の責任を果たしやすくする」と社外取締役の責任が法律によってより明確に、かつ、強くなるという見通しを示した。また「海外の投資家に対し、世界標準のコーポレートガバナンス（企業統治）だとアピールする狙いもある」と記事で解説した。

社外取締役の役割が注目されようになったのは、1999年に中谷巌・一橋大教授が、国立大の教官であることからソニーの社外取締役に就くことができず、社会的な話題になった時からではないか。社外取締役の義務づけ法案は2019年秋の臨時国会に上程されて成立したが、ずいぶん長い間、議論していたものだと思う。

では、ほぼ普及した社外取締役の実態はどうなのか。東証が2019年に出した『コーポレート・ガバナンス白書』には、2018年時点で社外取締役の出身を調べた結果が出ている。それによると、他の会社の社長・会長らが59％、弁護士16％、公認会計士が10％、大学教授ら7％、その他が5％、税理士3％などとなっていた。その他は元官僚が多いとみられる。

他の会社の経営者・元経営者が多いのは分かるが、市民団体や消費者団体、労働組合などの出身者がいてもいい。会社の業態によっては農家や芸術家でもよい。財務諸表は努力すれば読めるようになる。要は関心と責任を持って、社会の代表としての物言いができるかどうかだ。

報酬はどうか。2019年2月、同僚記者と朝日新聞に「平均報酬663万円、最多8社兼務、社外取締役　高額批判も……」と書いた。これは東京商工リサーチの力で調べたものだ。一人3000万円クラスの会社もあった。外国人に高額報酬を出している会社もある。

複数の企業を掛け持ちしている人も多かった。社外取締役の大部分は月1回ほどの取締役会に出席し、経営をチェックしている　東京商工リサーチの担当者は「高額な報酬をもらえばもらうほど中立な意見を言いにくくなる。企業によっては、業務が形骸化している恐れもある。制度が始まって時間がたっていることもあり、そろそろ社外取締役を評価するしくみが必要だ」と指摘する。

大企業で5つの社外取締役を務めた国立大学の教授もいた。どう考えてもやり過ぎで批判も根強い。複雑な心境になるのは、この教授がコーポレート・ガバナンス研究の第一人者と言われていることだ。

わかりにくい三つの類型と二つの法律

少々、腹に据えかねていることがある。

会社法で決められた日本の株式会社の経営形態には、大きく三つの類型がある。これが本当に分かりづらい。新聞社の経済部にいる記者でも説明できる人は少数派ではないか。

三つというのは、「監査役会設置会社」「監査等委員会設置会社」「指名委員会等設置会社」のことだ。

まず、「監査役会設置会社」。これは古くからあって、取締役のほか、監査役がいる制度だ。日本監査役協会によると、監査役は明治時代から続くという。今も日本の上場企業の7割を占める。

次に古いのが、「指名委員会等設置会社」で、これは2003年4月にできた。その時は、「委員会等設置会社」といい、途中で「委員会設置会社」と「等」がとれたが、再度、法改正で「指名」「等」が付いた。中身は大きくは変わっていない。取締役会の中に「指名」「監査」「報酬」の3委員会をつくることが義務づけられ、その各委員会の過半数は社外取締役で構成することになっている。監視・監督を重視するモニタリング型とも、米国型とも言われ、3類型の中ではもっと経営者に厳しいとされる。経営者を含む取締役の指名、報酬の決定も委員会ににぎられるため、上場企業の経営者はこれをいやがり、15年以上たってもわずか約70社（2%）にとどまっている。

この反省からできたのが、「監査等委員会設置会社」だ。監査等委員会だけを義務づける方式で、指名と報酬をにぎられることはないという安堵感のせいか、2015年5月に導入されてから、予想を上回る速さで浸透し、わずか4年で約1000社となり、上場会社の3割に達した。

増えている理由がもうひとつ。監査役会設置会社の場合、大企業は社外監査役と社外取締役の両方を入れなければいけない。監査等委員会設置会社であれば、社外取締役だけでいい。監査役を廃止し、その代わりに監査等委員を兼ねる取締役を入れる形で、監査役を取締役会の中に取り込んで議決権を与えたようなものだ。二つの種類の社外役員を負担に思う経営者が多かったようだ。

ちなみに「監査等委員会設置会社」と「指名委員会等設置会社」とでは、「等」の位置が微妙に違うことにお気づきだろうか。監査等は、法案の審議中、仮称として「監査・監督委員会」と呼ばれていたことから、この場所に等が付いたようで、「監督」としての性格も付与されている。「監査・監督委員会設置会社」でもよかったのだろうが、この問題で法務省を取材していた２０１２年のころ、私も、法務省の担当者に問いかけたことがあった。私が「もっと分かりやすく、なじみやすい名前は付けられませんか」と言うと、担当者も「そうなんですよ。なにかいいアイディアはありませんか」と逆に問われた。とっさに「法制審会社法制部会の部会長（東大教授）の名字をとって○○タイプとか、○○ウェイにしたらどうですか。大臣の名前をとって△△型でもいいです」と告げた。リーマン・ショックの反省から生まれた米国の金融規制のドット・フランク法は人の名前で、これで思いついたのだが、担当者は表情を曇らせ、会話を打ち切った。

指名委員会等設置会社の「等」は何なのか。『Q＆A平成14年改正商法』（商事法務、法務省大臣官房参事官　始関正光編著）を読むと、「3つの委員会と執行役を置く」という表現が多く出ている。このことだと類推できる。執行役とは、取締役会から業務を委任された役員で、その分、会社としてスピーディーに物事を決めて、スムーズに業務を動かすことができる。取締役会の審議事項も少なくなる。グローバル競争の時代、「迅速で果断な業務決定を可能にすべきという指摘があった」とこの本に解説されている。

結果的に「等」が付いたり消えたり、関係者はともかく、外部の人は大変だ。

また、会社法と金融商品取引法（金商法）の存在もコーポレート・ガバナンスの世界をとっつきにくいものにしている。株主総会に出す資料（事業報告や計算書類）と、総会後に出る有価証券報告書は、その内容においてかなり似通っているのだが、総会に出す資料は会社法、有価証券報告書は金商法に規定され、言葉遣いが微妙に違ってくる。総会や取締役会など会社の基本的な事項を定めた会社法と、投資家保護や金融市場のことを考えた金商法と、目的はそれぞれ違うのだが、会社に義務付けられた内部統制の構築や情報開示では同じことだ。実務家から1本化してほしいという声が強い。会社法は法務省が担当で、金商法は金融庁だ。「会社統括庁」などがあればどれだけ助かることか。

似ている言葉も整理できないかと思う。監査役、監査委員、会計監査人というこの3つの言葉をきちっと説明できる人がどのくらいいるだろうか。

特に会計監査人については、具体的には監査法人と公認会計士のことだが、いつもどの言葉を使うか迷っている。

コーポレート・ガバナンスの分野を、分かりやすく、なじみやすい制度にすることは関係者の義務だと思う。でなければ、会社法や金商法はどんどんマニアと趣味の世界の話になってしまって市民から遠ざかり、制度の劣化が進みかねない。

監査役、社外取締役、会計監査人の微妙な関係

社外取締役と監査役は似ている。

互いに経営を監視し、ときには監督することが仕事だ。大企業の場合、監査役には社内と社外出身がいる。そのため、社外監査役と社外取締役の双方がいる会社が多く、さらにその違いがわかりにくくなっている。厳密に言えば、社外取締役は主に意思決定などの経営や業務の効率性や妥当性をみて、社外監査役は会計監査人とも連携し、主に違法行為があるかどうかをみるのが仕事だが、なかなか境界線は引きにくい。

日本は戦後長らく、監査役制度を強化してきた。「商法（会社法）改正の歴史は監査役の権限強化の歴史」と言われるくらいだ。取締役の任期が1～2年なのに対し、監査役の任期は4年と長期間、身分を保障され、調査権や違法行為の差し止め請求権など強い権限を持つ。だが、この10年間で監査役よりも、社外取締役に期待がかかるようになった。

２００９年６月。ちょうど同じ月に経済産業省と金融庁はそれぞれコーポレート・ガバナンスに関する報告書をとりまとめた。経産省は「企業統治研究会報告書」、金融庁は金融審議会「我が国金融・資本市場の国際化に関するスタディグループ」による「上場会社等のコーポレート・ガバナンスの強化に向けて」。この二つの報告書は、社外取締役の導入を積極的に促している。私は、この二つの報告書から、コーポレート・ガバナンス関係者の思いが、監査役から社外取締役に比重が移っていったとみている。

背景には、監査役制度に対する強烈な不信感があった。金融庁の報告書には「現状、必ずしも株主・投資者の期待に応えることのできる存在とはなっていない」と監査役には辛い指摘が記されていた。

やっとこのころ、監査役の権限を再認識させられるケースが出てきた。ジャスダック上場のコンサルタント会社のある監査役は、子会社との不適切な資金のやりとりなどをめぐり、会社と全面的に戦った。会社は株主総会で監査役の解任議案を出してきたが、監査役は「監査役の調査を妨害する」と東京地裁に差し止めの仮処分を申請（後に取り下げ）したほか、法で定められたあらゆる手段を使って会社の不正を追及した。この監査役は「監査役はコーポレート・ガバナンス（企業統治）の最後の要。株主のためにも、投げ出すわけにはいかない」と話していたことが印象的だった。

最終的には名誉毀損訴訟にまで発展し、専門家から「監査役の機能を使い切った初のケースでは」と言われた。その顛末をまとめた単行本『監査役の覚悟』（高桑幸一・加藤裕則編著、同文舘出版、2016年）には私もかかわっている。監査役が自らの矜持（きょうじ）を示し、制度を信じた一人の人間の物語だ。私も一章を書いているが、北陸電力元監査役の高桑さんら支援した人たちの熱い思いがにじみでている。監査役やコーポレート・ガバナンスの本は、多くは制度の説明が中心だ。「監査役の覚悟」は実例から論じているかなり珍しい本だと思う。監査役は、怒り、悲しみ、ときには落ち込み、弱気になる人間だ。家族を抱え、切れば血が出る。人間としての監査役を書いた本だ。

とっつきにくい監査役制度だが、『監査役事件簿』（眞田宗興著、同文舘出版2019年）も、読みやすい。実際の企業不祥事で監査役はどう動いたのかを調査報告書や新聞記事などを使って調べ上げ、平易な言葉で解説している。さらに各ケースに「この事件から学ぶこと」も記している。著書の眞田氏は、「監査役にとって最も大切なこと、それは『勇気』と『覚悟』である。」と前書きに記している。

監査役と会計監査人も似ている。会計監査人のことを単に監査人と呼ぶこともあり、監査役と混同しそうだ。会社の役員でもある監査役と、外部の視点から会計監査を担う監査人（公認会計士）は互いに信頼し、協力関係にあるべきだが、両者の間には深い溝がある。監査人は、必ずしも監査役を信用していないと感じることがある。実際に監査人から「監査役は社長ら経営者と一体だ」との声を聞いたことがある。

この溝をどう埋めるか。それを探る会合があった。2016年4月12日に横浜市であった日本監査役協会全国会議の「企業不祥事防止と監査役・会計監査人等との連携の在り方を巡って」だ。コーポレート・ガバナンスのブログで知られる山口利昭弁護士の司会でパネルディスカッションは大いに盛り上がった。自動車メーカーの監査役は「ある商品で在庫の山が出て困っている話が役員報告会で出て、監査役が知った場合、会計士にも知っていただき、フォローしてもらえばよいのでは」などと協力関係の強化に向けて実務的な発言があった。

パネリストの公認会計士は、追加の監査が必要なとき、報酬の上乗せを会社に求めるときがあることを説明し、「監査役は中立的に判断してほしい。会社に意義のあることであれば、ぜひご協力を」と呼びかけ、会場は笑いに包まれた。監査役の出番はあちこちにあると思う。

株の持ち合いは犯罪？

２０１７年12月21日午前、金融庁の13階で、「スチュワードシップ・コード及びコーポレートガバナンス・コードのフォローアップ会議」が開かれていた。参加したメンバーは、機関投資家やコンサルタント、大学教授らなど企業法務の専門家20人余りで、この日のテーマは政策保有株。つまり、株の持ち合いをどうするかだ。

企業間で株を持ち合う仕組みは、日本独自の商慣行とされ、運命共同体で強力な仲間意識をはぐくむ半面、株主総会でそれぞれが信頼し賛成票を投じ合うため、機関投資家から「企業は自分たちの意見を聞いてくれない」と反発も強かった。すこしずつ整理と解消が進んでいるが、まだまだ根深いものがあった。

問題意識が旺盛なのが、コンサルタント会社、経営共創基盤の冨山和彦ＣＥＯだ。堂々とした口調で「株を持ってもらっていることと、営業上のメリットというものが対価的に向き合っているとしたら、どう考えても利益供与だ」と犯罪行為に近いものだと訴えた。過激な発言にメンバーのほか、マスコミや金融庁の担当職員も聴き入った。冨山氏は「コンプライアンス的におかしいんですよ。会社法上の構成要件に該当しなくても、グレーだと思う」と踏み込んだ。

機関投資家も冨山氏の発言を後押しした。結果的に２０１８年６月、コーポレートガバナンス・

コードは大きく変わった。新しいコードでは、配当などのリターンと、損失のリスクなどを踏まえた経済合理性や将来見通しの検証が必要と指摘し、その合理性を具体的に説明するよう求めたうえで、「縮減に関する方針・考え方などを開示すべきだ」とした。縮減という言葉を初めて使ったほか、相手がその株式を売る場合、邪魔をしてはいけないことも付け加えた。

金融庁はこのほか、「企業内容等の開示に関する内閣府令」を改正し、政策保有株式の金額の大きい60銘柄（社名）を公表するようにした。これまでも、30銘柄の株式数、金額、目的などの記述が義務付けられていたが、60に増えることで持ち合い株の減少を狙った。

それでどう変わったのか。試しに2019年6月に提出された鉄鋼メーカーの有価証券報告書を見た。銘柄数は確かに倍増しているが、保有目的は「自動車関連（調達）取引の維持・発展」などの記載で、これまでとあまり変わらない。保有効果についても「記載は困難だが、保有意義の再確認など必要な対応を実施している」とまとめて記すなど、あまり変わっていない印象を受けた。

株の持ち合いは確実に減少傾向にある。実態は明確ではなく、1割程度にまで減ったという調査結果もある。ただ、企業法務の専門誌『旬刊商事法務』の株主総会白書によると、安定株式が全体の5～6割あると回答する上場企業が多い。安定株は、審議することなく会社提案に賛成票を投じてくれる株主のことで、持ち合いに近い性格を持つ。専門家からは「生保などの機関投資家を安定株主と考えているのではないか。ほかの企業たちも自分たちの議案に絶対に反対しないと思っているのでは」との見方が出ている。安定株主と政策保有株は必ずしも一致しないが、持ち合い株はなかなかゼロにはなりそうもない。

顧問・相談役の問題点

企業には顧問や相談役という役職がある。これ自体はいいとしても、名誉顧問とか特別顧問とか言われると、ちょっと首をかしげてしまう。「顧問」自体が「名誉」や「特別」な存在のような気がするためだ。

東証のホームページにある「コーポレート・ガバナンス情報サービス」を使って、上場企業の顧問・相談役を調べることができる。2019年春、5人以上の顧問・相談役のいる会社を抽出してみると12社がヒットした。メガバンクなど金融機関が目立つ。それぞれ見てみると、各社によって言葉の使い方が違う。

ある損害保険会社大手では、常任顧問、特別顧問、名誉顧問の3種類があった。説明書きによると、社長・会長経験者は自動的に常任顧問になるという。これを退任した後、特別顧問になるという。任期は4年。これが75歳で終了。その後、無報酬で名誉顧問に就くことがあるという。

あるメガバンクの場合、報酬が2000万円以内との記述のほか、必要に応じて、執務室、社有車、秘書を利用することがあります、とわざわざ書いてあった。ほかの会社も見ると、無報酬の場合は「名誉」と付けるところが多かった。

そして、「経営には関与しておりません」との説明を付ける会社も目立った。本当だろうか。いれば社長や会長は気にすることもあるはずだ。存在自体が経営に何らかの影響を与えることも考えられる。アドバイスを求められれば、自分の意見を言うはずだ。

多くの場合、顧問・相談役の目的は「財界や業界団体、社会貢献の活動」としているが、財界や業界団体の活動に現役の社長、会長ら役員ではいけないのだろうか。

ただ、開示してくれるところまだいい企業だと思う。この顧問・相談役の記述は任意だ。いやなら書かなくてもいい。また、この開示が始まったのが２０１８年１月からだ。それまではまったく分からなかった。

顧問・相談役について、最初に問題提起したのは、米国の議決権行使助言会社ＩＳＳで日本法人の代表を務める石田猛行さんだと思っている。２０１５年3月15日号の『旬刊商事法務』の記事の中で「顧問や相談役制度には問題点が多い」と記述している。社外取締役として社会にその知見を活用するべきなのに、社内にとどまっているため、それができなくなっていることや、その会社の経営方針の転換が遅れる可能性があることを指摘している。つまり、今の社長が、顧問や相談役の意向を気にするあまり、不採算事業から撤退・縮小をためらうことが問題だと言っている。

その後、石田さんの考えは勢いを得た。２０１６年9月の経済産業省のコーポレート・ガバナンス・システム研究会で、石田さんが顧問・相談役に対する問題意識を説明すると、他の委員から賛同する声が相次いだ。議事録などを読むと、コンサルタント会社の経営者がこう言っている。「いろんな企業再生にたずさわったが、相談役が役に立っていることは1回もなかった。ハッキリ言って害悪。経営者が相談したければ別のところにいけばいい」

ただ、メリットも認められ、一律の規制ではなく、情報開示することで投資家からの判断材料にしてもらうことになった。その結果、東証のコーポレート・ガバナンスの一環として任意で開示されることになった。

私も長らく、顧問・相談役について、疑問に思っていた。10年ほど前、大阪勤務のころだった。当時の関西電力の首脳を取材したときがあった。経営難に陥っていた関西空港会社の再建策について聞いたところ、この首脳は、これから国土交通省の支援を受けるため、「うちの会社（関電）に国交省OBを顧問としてきてもらっている」とある元大物官僚の名前を教えてくれた。顧問という制度に興味を持ち、報酬額を聞いてみると、「報酬はそんなに多くはないよ、ほかの企業の顧問にもいくつか就いていて、それで何とかしているようだ」と説明してくれた。顧問・相談役は、名前すら当時は公開されることはなかった。新聞記者が会社の広報室に聞いても、よほどの関係性がなければ「開示していません」と一蹴されてきた。これは天下り問題も絡んでいるが、役員待遇なのに一切、出てこない。ずっとわだかまりを持っていた。ISSの動きを知ったとき、その通りだ、と感じた。

改めて開示情報を見ると、期限を設けている会社もあれば、「終身」「任期は定めていません」という会社もある。メガバンクなどはバブル崩壊後、合併や合理化によってたくさんの社員がリストラされたはずだ。「1993年から」「1996年から」と記述のあった顧問・相談役もいた。社長を退いてから20年以上だ。今は80〜90歳だろうか。

本当に必要なのか、といろんなことを考えてしまう制度だ。

ガバナンスのプレヤーたち

コーポレート・ガバナンスの制度について、誰が考えて、誰が決めるのか。そこに国民はかかわっているのかを考えてみたい。

まず、どんな団体や組織が関わっているのか。

公的機関でいうと、官邸、法務省、金融庁、経済産業省といった官庁が重要な役割を担っている。政党と国会はガバナンスの改革案を検討し、制度をつくりあげる立場にある。判例をつくる裁判所も大切だ。

実務でかかわってくるのが、日本弁護士連合会、日本公認会計士協会、日本監査役協会といった団体で、弁護士、監査法人・公認会計士、監査役ら個人の影響力も無視できない。

産業界でも、経団連、経済同友会、日本商工会議所の経済3団体はガバナンスに常に関心を示す。東証は資本市場の番人でもある。労働組合の連合も発言するときがある。信託銀行、証券会社、保険会社は、投資家やシンクタンクとしての顔を持つ。

学会は理論的な支柱になっている。日本監査研究学会、日本内部統制研究学会、日本経営倫理学会、日本私法学会、日本ディスクロージャー研究学会などは常に先進的な議論を重ねている。一歩引いたところから、俯瞰的に見ることができ、非常に学ぶことが大きい。

民間の団体も活発に動いている。日本コーポレート・ガバナンス・ネットワーク、日本取締役協会、商事法務研究会などは比較的、自由な立場から提言や研究成果を発表し、この業界をリードしている。

注目されるのが米国の議決権行使助言会社のＩＳＳだ。

２０１３年3月期決算から、社外取締役がいない企業のトップ人事に反対を推奨し、産業界を驚かせた。このとき社外取締役がいなかった新日鉄では、トップと他の取締役との間に15ポイントほどの差が付いた。外国人株主の比率にも左右されるが、ＩＳＳの力の大きさがわかった。

制度面から見ると、もっとも重厚な動きを見せるのが会社法で、法務省が担当する法制審議会会社法制部会で議論される。きっかけとなるのは、法務大臣の諮問だ。２０１９年1月にまとめた会社法制部会の要綱案の場合では、２０１７年2月9日に以下のような文章で諮問された。

「近年における社会経済情勢の変化等に鑑み、株主総会に関する手続の合理化や、役員に適切なインセンティブを付与するための規律の整備、社債の管理の在り方の見直し、社外取締役を置くことの義務付けなど、企業統治等に関する規律の見直しの要否を検討の上、当該規律の見直しを要する場合にはその要綱を示されたい」

ここから部会のメンバーが会社法で具体的に改正すべきことを述べ合い、事務局の法務省とテーマを絞り込んでいく。

2019年春の段階で、法制審議会会社法制部会のメンバーを見ると、大学教授と法務省幹部のほか、東証幹部、東京地方裁判所判事、弁護士（東京弁護士会）、連合幹部、投資信託、ゼネコン、商社、メーカーなどの幹部だ。企業の場合、経団連、日本商工会議所、経済同友会の経済3団体から送り込まれたメンバーだ。

では会社法部会はどんなことを決めるのか。

2019年1月の要綱案では、多様な項目が盛り込まれている。大会社で社外取締役を1人以上義務づけることが決められたほか、株主提案を1人10件までと制限した。株主提案の制限について、法務省の担当者は「乱用防止になる。実務上、大きな影響もない範囲だ」という。これは2012年ごろに「トイレを和式に」などといったふざけた株主提案が出され、乱用を防ぐ手立てが検討されたためだ。大手企業がこんなばかげた提案を総会にそのまま提出したこと自体が驚きで、株主から訴えられることを怖がったのだろうか。

2017年4月に始まった今回の会社法制部会は2年近くで19回開催して要綱案を決めている。2019年11～12月の国会審議では、経営者が内容によって株主提案を拒否できる条文は削除された。全体の改正は1年程度の周知期間をおいて施行される。

金融庁による内閣府令や、ガバナンス・コードも重要だ。いずれも、会社法と並んで、強い影響を持つ。いや、いまや会社法をしのぐ力だ。

たとえば、金融庁は2010年、上場企業などの役員報酬の個別開示を義務づける改正内閣府令を出した。1億円以上の報酬をもらっている取締役について、有価証券報告書でその金額と氏名を公表する制度だ。産業界から反発があったが、当時の亀井静香金融相が押し切った。

機関投資家と企業に多くの規律を求めるコーポレート・ガバナンスとスチュワードシップ・コードは、金融庁内に設置された会議で決められる。そのメンバーは、金融庁が決めている。これらを動かし、改正するスチュワードシップ・コード及びコーポレートガバナンス・コードのフォローアップ会議のメンバー（2019年4月）は、大学教授、大企業幹部、経済産業省の担当課長、内外の機関投資家などだ。

いつも思うのだが、政府の審議会などのメンバーに一般株主、消費者、市民団体の代表はいなくていいのだろうか。たしかに個人株主を代表する団体があるかどうは不明だ。だが、個人でコーポレート・ガバナンスについて発言している人はたくさんいる。

考えてみれば、機関投資家が動かしているお金の相当量は、年金だ。それは私たち国民一人ひとりのものだ。企業は消費者がいなければ成り立たない。消費者はイコール国民であり、市民だ。その主権者がいないことに対し、大きな疑問を感じる。エスタブリッシュメントの意見だけ聞いて、国民の意見を聞こうとしない態度は、国益を損なうと思う。

議決権の個別開示

やればできる、と思った。

機関投資家による投資先企業の議決権行使結果の個別開示のことだ。

いわずもがなだが、機関投資家は大企業の株式を買って運用先の一つとしている。このとき、株式には、株主総会での議決権もついてくる。会社は年に1回、株主総会を開いて誰を取締役にするのか、配当をどのくらいにするのか、組織変更といった定款変更などを決める。このため企業は2~5つぐらいの議案（全取締役の選任を一つとして）を総会に諮っている。だが、機関投資家は議案をじっくり審議することなく、賛成ばかりしてきたという批判が出ていた。特に、大企業をお客さんとしてとらえる生命保険会社はその傾向があったという。実際、この議決権行使の個別開示をやるかどうか話題になった２０１２年のころ、ある生命保険会社の人と話をしていると、真顔でこう言っていた。「そんな開示なんかできませんよ。だって、たとえば、うちも自動車メーカーの株を持っていますが、自動車会社の社員は大切なお客さん。そんなところの総会の議案に反対できますか。もし、仮に反対したとしても、それが表沙汰になったら大変なことになる」

それでも、２０１7年から機関投資家は個別企業名、それも議案ごとに公表することを求められるようになった。２０１9年に日本生命が開示に踏み切り、日産自動車の西川広人社長の再任に反対したことが話題になった。

今、多くの機関投資家がホームページで賛否を開示している。事前に行使基準を公表し、たとえば、ある生保は「退職慰労金は報酬の後払いの側面がある。その場合、監査が甘くなるおそれがある」との監査役に対する退職慰労金には反対する姿勢を示している。

「あらかじめ基準を公表して議決権行使しているせいか、どこからもトラブルは聞こえてきませんね。意外になにごともないので、ちょっと驚いています」と信託銀行の幹部はやや拍子抜けだ。

この個別開示を決めたのは、金融庁で定めたスチュワードシップ・コードだ。２０１３年8月に「日本版スチュワードシップ・コードに関する有識者検討会」が発足し、翌年2月に一気に策定まで持って行った。

スチュワードシップ・コードは7つの原則からなる。たとえば、「機関投資家は、投資先企業との建設的な『目的を持った対話』を通じて、投資先企業と認識の共有を図るとともに、問題の改善に努めるべきである」（原則4）といった文章だ。ちなみに、スチュワードシップとは、執事のように財産をきちっと管理することを意味する。

7つの原則には、それぞれ3～5項目の指針も設けられている。あくまで自主規制でコンプライ・オア・エクスプレイン（Comply or Explain＝遵守するか、それとも守られない場合は説明をするか）という形式だ。日本の行政機関に、このコンプライ・オア・エクスプレインの方式は珍しく、私もこんなやり方があるのかと当時は新鮮だった。横並び主義が横行する日本社会に合うか、と心配したこともあった。だが、おかみである金融庁が主導したせいか、大きなトラブルはない。

それでも、議決権行使の個別開示を導入するには、制定から2年後の２０１７年5月まで待たなければいけなかった。さすがにいきなりは無理だったようだが、それでも実現したことに驚いた。当然、金融庁も慎重に進めた。

コードの中にこんな説明もある。

「個別の議決権行使結果を公表した場合、賛否の結果のみに過度に関心が集まり、運用機関による形式的な議決権行使を助長するのではないかなどの懸念が指摘されている。しかし、運用機関は、自らが運用する資産の最終受益者に向けて、活動の透明性を高めていくことが重要である。さらに、我が国においては、金融グループ系列の運用機関が多く見られるところ、こうした運用機関において、議決権行使をめぐる利益相反への適切な対応がなされていない事例が多いのではないかとの懸念を払拭するためにも、個別の議決権行使結果を公表することが重要」

現実に、日経新聞はこの制度が始まったころ、三菱ＵＦＪ信託銀行が同じ三菱グループの企業に反対票を投じたことをニュースにした。三菱ＵＦＪ信託銀行は相手によって基準を変えることはしなかった。極めて当たり前のことだが、これを日経新聞はニュースに仕立てた。当初、そんなことが驚きだった。

二つのコード

ではこのスチュワードシップ・コードはどんな経緯でできたのか。

第2次安倍政権が発足してからわずか3カ月後。２０１３年3月15日に官邸であった産業競争力会議で、新浪剛史・ローソン社長（当時）が提案している。議事録によると、「アクティビスト的ではなく、中長期に株主として将来を見据えた機関投資家が、企業経営にしっかりと介入し、新陳代謝をすべきです。イギリスのスチュワートシップ・コードの日本版導入も検討し、言い訳を言わせない仕組みづくりが必要です」と語っている。

スチュワードシップ・コードは当時、日本でほとんど知られていなかった。現在はサントリーホールディングス社長を務める新浪氏にあらためて２０１９年に取材したところ、機関投資家が動かないと、日本のコーポレート・ガバナンスが進まないと考えたという。新浪氏は、毎年のように世界経済フォーラム（ダボス会議）に参加しており、これらを通じて英国のスチュワードシップ・コードのことなどを知ったという。「（スチュワードシップ・コードを）日本に入れれば、きちんとやると考えた。企業がため込んだ現金をはき出してほしいという気持ちもあった」と語った。

安倍首相は２０１２年12月の就任記者会見で、大胆な金融政策、機動的な財政政策、民間投資を喚起する成長戦略の３本の矢で経済政策を力強く進めることを表明した。アベノミクスと呼ばれる経済政策で、翌２０１３年１月に産業競争力会議を催し、企業の幹部を民間議員として招聘し、意見を求めた。これを受けて２０１３年６月に閣議決定した日本再興戦略には、日本版スチュワードシップ・コードの検討を始めることが盛り込まれている。

官邸の指示を受けた金融庁は直ちに動いた。２０１３年8月には検討会を立ち上げ、パブリックコメント（意見募集）をへて、２０１４年2月に確定版を公表した。

政府は間髪を入れず、コーポレートガバナンス・コードの策定に動いた。スチュワードシップは企業の株を保有したり、売買したりする機関投資家向けだ。今度はその企業の経営者を動かす方向に焦点をあてた。

２０１４年６月の日本再興戦略の改訂版を閣議決定し、その中にうたわれているのは「日本企業の稼ぐ力」だ。こんな説明がある。

「コーポレート・ガバナンスの強化により、経営者のマインドを変革し、グローバル水準のＲＯＥの達成等を一つの目安に、グローバル競争に打ち勝つ攻めの経営判断を後押しする仕組みを強化していくことが重要である。特に、数年ぶりの好決算を実現した企業については、内部留保を貯め込むのではなく、新規の設備投資や、大胆な事業再編、Ｍ＆Ａなどに積極的に活用していくことが期待される」

不正防止のため、経営者に対する規律の強化というコーポレート・ガバナンスの側面よりも、株主のためにもっともうけろ、投資しろ、リスクを取れ、という趣旨がにじみ出ている文章だ。会社が持っている人やおカネや土地などを使い、積極的に事業展開しろということだ。だめな事業は売るなり、合併させるなどして整理し、いつまでも持ち続けるなという意図もある。

コーポレートガバナンス・コードの策定も金融庁の仕事となった。有識者会議を立ち上げて作業を急ぎ、２０１５年６月からの適用開始に持って行った。

安倍政権下では、日本銀行から政界入りし、企業法務や経済政策に通じている塩崎泰久・衆院議員も二つのコードづくりのため走り回った。公益社団法人の会社役員育成機構代表理事で、在日米国商工会議所（ＡＣＣＪ）の成長戦略タスクフォース委員長も務めたニコラス・ベネシュ氏も協力し、2014年2月には自民党の会合でスチュワードシップ・コードと、コーポレートガバナンス・コードが「車の両輪」であることを説明している。

安倍政権を支える官僚の一人、経産省の新原浩朗・経済産業政策局長は、同省でコーポレート・ガバナンスを担当する産業組織課長を経験している。首相の最側近といわれる今井尚哉秘書官も経産官僚だ。安倍政権下では、「経済政策で実行可能なものは何でも官邸がのみ込んだ」(政府関係者)というほど貪欲にコーポレート・ガバナンス改革を進めた。

その結果、この6年間で改革は確かに進んだが、この間、大企業と国内外の機関投資家がうるおう施策を優先させたことは否めない。コーポレート・ガバナンスに、攻めと守りという二つの概念を採り入れたが、まちがいなく攻めを重視した。言葉を換えれば、機関投資家のためのコーポレート・ガバナンスの色合いが強い。

市民のためのコーポレート・ガバナンス、労働者のためのコーポレート・ガバナンスをもっと考え、強化するべきだと私は思っている。

会計士と監査役の試練

企業の不正会計が相次ぎ、その批判の矛先は粉飾を見抜けなかった会計士にも向いている。ところが、会計士がマスコミで謝罪したり、説明したりするケースはほとんどない。「守秘義務」を盾に、監査した会社のことに口を閉ざしてきたからだ。話せないことがあるのは分かるのだが、背景や関連する制度などを含め、不正会計に対する考え方や自分たちの責任、対応策を話してもいいのでは、という思いを強くしている。

決算書に添付される監査報告書も形式的だ。これをじっくりと読む投資家やマスコミはまずいない。なので、会計士が仕事をしているのかどうか、まったく伝わってこない。機関投資家からは「もっと詳しく書いてほしい」との声が上がっていて、金融庁も制度改正に動いた。

2019年3月13日夜には、東京で会計士の説明責任を考える専門家による討論会があった。焦点になったのが「監査報告書の長文化」だ。監査報告書は、「財務諸表は適正に表示している」などと紋切り型だ。そこで金融庁は2018年7月、何に重点を置いて監査したのかを書くよう基準を変えた。これはKAM（カム、Key·Audit·Matters＝監査上の主要な検討事項）と呼ばれ、2020年3月期から早期適用することになっている。さらに2019年1月、「会計監査についての情報提供の充実に関する懇談会（充実懇）」の報告書が金融庁から公表された。会計士の守秘義務についてこれまでの慣習を改め、場合によって「必要な事項」を説明していくことを求めた。

3月13日の討論会で司会役の清原健弁護士は「企業に会計の問題が起きたとき、過去にKAMとして監査報告書にどんな記載をしていたのかが問われる」と述べた。これに対し、日本公認会計士協会の高濱滋副会長も「監査は（外から見えない）ブラックボックスだった」とこれまでの慣行を認め、「会計士のマインドセットの変革が必要だ」と意識改革を訴えた。

清原氏はまた、「今まで守秘義務が過度に強調され、言わずに済ませていた。これからは財務諸表の利用者に対して監査人がきちんと説明責任を果たすことが強く求められる」と語った。高濱氏も「考え方を抜本的に変更しないといけない。意識的にも高いハードルだが、期待にこたえたい」と述べた。

充実懇の報告書では、会計士が交代するときの説明責任についても記されている。これまで会計士が交代しても、「任期満了」としか会社は説明せず、会計士側も沈黙してきた。

だが、通常は1年契約で、「本当の理由を知りたい」という声が投資家から上がり、報告書では「任期満了という記載は不適切」との見解が示された。会計士に対しても「自ら必要な説明・情報提供を行うべきだ」とした。

その影響はさっそく出始めている。

２０１９年2月～3月下旬に会計士（監査法人）の交代があった二十数社分を朝日新聞が調べたところ、9割方で具体的な理由が記されていた。「（企業が会計士側に支払う）監査費用の増額を求められた」「会計士が不足していると会計士側から断ってきた」との説明のほか、20年以上の長期間、同じ監査法人に依頼していたことを理由にあげる企業もあった。

日本公認会計士協会も一連の制度改正を前向きにとらえ、守秘義務が解除されるケースについて、２０１９年から具体的な対応策の検討に入っている。遅きに失した感はあるが、少しでも会計士の社会的な責任を果たしてほしい。それが会計士自身のためになるはずだ。

会社の民主主義と立憲主義

大きな問題を提起した株主総会だった。

2019年8月2日、東京のホテルであったアスクルの株主総会。別室にテレビモニターが設置され、マスコミにも公開された。

総会であいさつに立った岩田彰一郎社長はいきなり、コーポレート・ガバナンスのあり方にふれた。

「独立社外取締役の果たす役割についての議論が深まり、ガバナンス順守の社会が一日も訪れることを期待している」と語った。まるで、ガバナンスが順守されない社会だと言っているかのようだった。

原因は、アスクルの親会社にあたるヤフーと大株主のプラスにあった。両社は7月中旬、岩田社長の再任に反対することを表明していた。8月2日の株主総会のわずか2週間前のことだった。ヤフーがアスクルの個人向け通販ロハコの事業譲渡を求め、岩田社長はこれを拒否したことがきっかけといわれる。7月24日には、3人の独立社外取締役の再任にも反対することを表明した。3人は元日本取引所グループCEOや元パナソニック副社長ら「大物」で、市場関係者からは驚きの声が出た。

伏線があった。前日の7月23日に、独立社外取締役が記者会見し、ヤフーの行動に「最低限のマナーを守っていない」などと疑問を呈した。独立社外取締役らがすでに岩田社長の再任案を認めているのに対し、ヤフーがこれに反対したことで、「何のための社外取締役なのか」と批判した。独立社外取締役の再任への反対は、これに対するヤフーの「回答」だったことは誰の目にも明らかだった。

総会では、株主の質問に答えるため、ヤフーの取締役も兼務する小沢隆生・社外取締役が登壇する場面もあった。小沢氏は「まず大前提として、本日はアスクルの取締役としてきており、答える立場にはないが、議長が答えるべしということであれば」と議長に聞いた。議長を務めた岩田社長が「ではお願いいたします」と言うと、小沢氏は「(ヤフーはアスクルの)株主であるからには、株主価値の向上、業績の向上、株価が上がるということを最大限期待している。基本的には業績と株価の低迷で再任はしないということ」と説明した。

このヤフーの動きに対し、コーポレート・ガバナンスを考える団体が懸念を表明した。

企業経営者や大学教授らでつくる日本コーポレート・ガバナンス・ネットワーク(理事長・牛島信弁護士)は8月1日、「独立社外取締役の再任拒絶は、上場子会社のガバナンスの根幹を崩すものにほかならず、少数株主の利益を無視した行為と言わざるを得ない」との意見を発表した。経産省の指針などから、親会社は独立社外取締役について「明白な過誤などがない限り、その再任を拒絶すべきではない」との見解だ。

日本取締役協会(会長＝宮内義彦オリックスシニア・チェアマン)も7月30日、「支配的株主の横暴を牽制するために存在している独立取締役を緊急性も違法行為もない状態で解任できるならば、ガバナンスの基本構造が成り立たなくなる」との意見を表明し、法制度による保護を求めている。

親子上場の問題に取りかかっていた政府の動きもあり、ちょうど経産省が2019年6月下旬に「グループ・ガバナンス・システムに関する実務指針」（グループガイドライン）を公表したばかりだった。背景には官邸の意思があり、同年6月5日の未来投資会議で「成長戦略実行計画案」が公表され、その中に「親子上場」の問題を対応することが記されていた。親会社を持つ上場企業は628社で全体の17％にあたるという。このため「新たに指針を策定し、親会社に説明責任を求めるとともに、子会社側には、支配株主から独立性がある社外取締役の比率を高めるといった対応を促す。また、東証の基準等についても見直しを図る」とした。

これらを受けた実務指針では、親会社と、上場子会社の一般株主の間に構造的な利益相反リスクが存在することを明記し、「実効的なガバナンス体制の構築」を求めている。

具体的な方法として、上場子会社の独立社外取締役を取り上げ、「業務執行を監督する役割を果たすための執行陣から独立性に加え、一般株主の利益を確保する役割も期待されるため、親会社からの独立性も求められる」と位置づけた。

アスクルの問題について、ガバナンスのあり方に詳しい経営共創基盤の冨山和彦ＣＥＯが非常に興味深い表現をしていた。「国のあり方と一緒です。国には民主主義と立憲主義があるでしょう。会社制度も同じです」

民主主義は多数決で、株主総会がこれに当たる。一方、立憲主義は、会社法やコーポレートガバナンス・コードや経産省の実務指針で、「多数決の原理を持ってしてもおかしてはいけない原理がある」と言う。そのうえで独立社外取締役の再任を拒否したことを「ある種の禁じ手。一線を越えている」と指摘する。

人間を中心とした会社法の確立を訴える早稲田大の上村達男名誉教授もこう言う。「（ヤフーから派遣された取締役は）アスクルのために職務を遂行する責務を放棄した。任務懈怠と背任はまぬがれない」。上村教授はアスクル側の依頼で意見書も出した。

アスクルは8月5日、総会での議決権結果を発表した。岩田社長と、3人の独立社外取締役はいずれも賛成率20％台で再任されなかった。ただ、ヤフーとプラスをのぞいた結果もわざわざ公表。これをのぞくと、岩田社長は75％、3人の独立社外取締役はみな90％台と、親会社をのぞけば相当数の支持を受けていた。

この株主総会を受け、アスクルは8月23日にコーポレート・ガバナンス報告書を書き換えた。「独立社外取締役が不在になった」という事実を明記し、この影響で実施できない、もしくはできない可能性のある指針が「経営の監督と執行」「取締役会の役割・責務」など20項目ほどに及びことを説明。異様な報告書だった。

ヤフーもニュースリリースなどで事情を説明している。アスクルの業績低迷が最大の理由だが、「岩田社長や独立社外取締役は、ヤフーとの業務・資本提携契約を解消しようとした」とも指摘した。「苦渋の決断だったことを分かって欲しい」（ヤフーの広報担当者）との声もあった。

経営者が罰せられるとき

1993年なので、私が新聞記者になって4年目で27歳のころだ。当時、静岡県の沼津支局員で、宿泊客ら24人が亡くなった熱川温泉（東伊豆町）の観光ホテル大東館の刑事裁判を追いかけていた。まもなく静岡地方裁判所沼津支部で判決が下るという時期で、初めて「業務上過失致死罪」に真剣に取り組んだ。専門書をひっくり返し、検事や弁護士に聞いて回った。焦点は、防火管理者と共に起訴され、高齢の父親から経営を任せられていた専務に対して業務上過失致死罪が適用されて有罪になるのか。有罪であったとしても実刑かもしくは執行猶予が付くかどうかだった。

当時の静岡支局長に判決の見通しを聞かれたが、答えられず、「東京の社会部記者だったら判決の見通しを持っている」と言われ、悔しくて、裁判官周辺を含めてかなり力を入れて取材した。やればできるもので、判決の見通しが立ち、「明日判決、実刑も」と朝日新聞の社会面で自信を持って書いた。

失火の原因は、ガスコンロ付近の壁の内部が炭化した長期低温加熱でこれに争いはなかった。ただ、報知機のベルが切られていたことで、被害が拡大した。専務は直接、報知機の管理はしていなかったが、経営者として指導・監督を怠ったとして起訴され、判決においても裁判長は「惨事の究極の責任は専務（経営者）にある」と業務上過失致死に当たると断定し、禁錮2年の実刑に処した。実務に当たった防火管理者には執行猶予が付いた。重大事件が起きた場合、現場の人間よりも、経営者を重く罰する。司法の世界に社会正義を実現しようという意思を感じた。

それから四半世紀が過ぎた２０１９年9月20日、東京地裁は、東京電力福島第一原発事故で業務上過失致死罪で強制起訴された元会長、元副社長の３人に無罪判決を言い渡した。判決に直接、文句をつけるつもりはない。それでも、企業経営者も甘く見られたものだと思った。

判決文にはこうある。「基本的には担当部署から上がってくる情報や検討結果等に基づいて判断をすればよい状況にあって、被告人らに情報収集又は情報補充の懈怠が問題になるような事情はない」

「（3人は）本件発電所に10メートル盤（原子力建屋など主力施設のある場所）を超える津波が襲来する可能性があり得る旨を示す情報についての報告を受け、そのような情報についての認識まではあったと認められるものの、平成23年3月初旬までの時点において、10メートル盤を超える津波が襲来する可能性について、信頼性、具体性のある根拠を伴っていなかったものと認められる」

これらを読めば、心ある経営者は怒るのではないかと思う。みな従業員やその家族、地域社会に対する責任を果たしながら緊張感を持って経営をしている。それを否定するかのような文章だ。

震災前の２０１０年６月、東京電力は清水正孝社長の名前で第86期の有価証券報告書を提出している。その19ページに「事業等のリスク」という項目がある。その（４）に「安全確保、品質管理、環境汚染防止」との小項目があり、「作業ミス、法令や社内ルールの不遵守等により事故や人身災害、大規模な環境汚染が発生した場合、当社グループへの社会的信用が低下し、円滑な事業運営に影響を与える可能性がある」と明記している。自分たちが置かれている状況をよく理解していたと思う。

さらに45ページ。内部監査の説明だ。品質・安全監査部（35名）、原子力品質監査部（38名）が中心となり、経営諸活動の遂行状況を定期的にかつ必要に応じて監査しているという。主要な内部監査結果は、常務会等に報告され、所要の改善措置がとられている。特に、原子力部門の安全・品質監査に関しては、弁護士や学者等の社外有識者で構成される「原子力安全・品質保障会議」による総合的な審議を経て、厳正・公正に実施していると記されている。

有価証券報告書を読んだ投資家は、「東電は安全対策に励んでいる」と受け取ったことだろう。

東京電力は平岩外四経団連会長を輩出するなど、社長・会長は常に財界の重鎮として、企業倫理の面でもリードした。震災当時、東京電力の築館勝利監査役は日本監査役協会の会長を務めるなど、コーポレート・ガバナンス部門でも日本企業を牽引する存在だった。

そんな東京電力に対し、経営陣が何もしなくても済まされるような判決で、この20年間で様変わりした経営者の責務や役割、コンプライアンスの強化の動きに対し、裁判所はまったく追いついていないことを露呈した。逆に後退したと言っていい。

東電の裁判でよく比較されたのが、２００５年の宝塚線（福知山線）の事故で起訴されたＪＲ西日本の経営陣のケースだ。実は２００７年～２０１１年の大阪勤務時代、私はＪＲ西日本を担当していた。経済部だったので、直接、司法当局に取材はしていないが、当時の山崎正夫社長宅に朝晩、電車で通って話を聞いていた。事故後に子会社から呼び戻されて社長になったせいか、利益重視から安全第一に企業風土を変えようとしていた。工学部を卒業し、愚直な技術者に見えた。

問題はまさしく、ＪＲ西日本の内部統制にあった。高度な安全性が求められる鉄道事業において、国鉄が分割・民営化された影響もあり、ＪＲ西日本は収益重視に走った。オーバーランなどのミスをした社員に対する懲罰的な教育方法はどうみても尋常ではなかった。結果的に山崎社長は無罪になったが、２００９年7月に山崎氏が業務上過失致死罪で起訴されたことを受けて辞任したとき、朝日新聞（大阪）に私は「不作為問われる企業」という解説記事を書いた。何もしなかったことに対し、「人の命を扱う企業の役員は、内部統制の構築について格段の注意を払う必要がある」「経営者は『不作為の過失』を経営上のリスクとしてとらえなければならない」という大学教授ら専門家のコメントを紹介した。

それから10年。東電の判決は、これまでのガバナンスの進展やコンプライアンス意識の向上をまるで無視したようだった。

おわりに

愛知県稲沢市に自動車や航空機の部品メーカー、アイコクアルファがある。ここの本社ビルの1階に「こころの部屋」という一風、変わったコーナーがもうけられている。

正面の自動ドアを通って「こころの部屋」に入る。右に曲がると、「会社観」と書かれた透明なついたてにぶつかった。ちょうど目線のところに「あなたは、どんな会社で働きたいですか?」との問いかけが白い文字で記されていた。その問いかけの下に二つの答えが用意されている。

一つは「社員のために会社がある。利益だけを求めない。会社と社員は共存する」

もう一つは「会社のために従業員がいる。利益追求が第一である。会社の存続のためには、従業員を犠牲にする」

最初の答えに沿って進むと「正　人生の大半を過ごす会社だからこそ、一人ひとりが主体性をもって仕事に取り組めることを最優先します」などとある。

二つ目の答えに沿って進むと、「誤　会社が主で、従業員は従、つまり会社のために従業員がいると考えられています。このような会社観に問題はないのでしょうか」などとあった。

「会社観」が終わると次は「採用・雇用」だった。ここでは正解が「志を同じくする人を雇用する経営のパートナーを採用する」。誤りが「人の能力を雇用する　経営の資源としてワーカーを採用する」だった。

このようなついたてとパネルが計9カ所。3カ所目には「経理の公開　あなたは、会社をどれだけ知っていますか?」とあった。正解を示すパネルには、経理情報は一人ひとりが主体的に考えるための情報で、「人間の顔」を大切にする企業にとって不可欠とあった。実際にアイコクアルファでは、50項目の決算数値を事業部別に一覧表にして毎月、全従業員に配っている。

経営の根幹に「社員一人ひとりが経営のパートナー」を掲げ、株式の85%を社員が持つ。定年制もない。大切な意思決定は従業員組合の役員が参加する経営懇談会だという。

従業員は約1000人で売上高は2018年度に過去最高の313億円となった。リーマン・ショックで業績が落ち込んだが、1人も首にせず、ワークシェアリングで乗り切った。こころの部屋を案内してくれた同社の横山成一さんは「大切な自分の人生。その中で会社の比重は大きく、自分の会社という意識を持って自主的に働いてほしい」と話した。

私がここを訪れるのは2回目。2003年の頃だが、元社長・会長の樋田成二・主席相談役（故人）に話を聞いたことがあった。風通しのいい社風が生まれたのは、1954年の倒産がきっかけだと言っていた。部品を納入してきた自転車メーカーが倒産したあおりだった。従業員が一致団結して再建に取り組むためには会社を知る必要がある、という理由で経理の公開を始めた。1977年に社長に就いた樋田さんは、株式を従業員に積極的に割り当てた。「私にはお金はないし能力もありません。みんなが主体的に力を出してくれないと会社は回りません」と謙虚な姿勢を貫いていた。「人減らしがもてはやされる今の風潮が信じられません。会社こそが、いい人生を送る場所なのです」

会社は誰のものか。アイコクアルファは「みんなのもの」をめざしていた。会社には多種多様な業務があり、たくさんの人がかかわって初めて会社は成り立つ。「社長なんて偉くもなんともない。課長、部長、包丁、盲腸と同じだ。要するに命令系統をはっきりさせる記号に過ぎない」という本田宗一郎の言葉はまさにその通りだと思う。経営者も一つの機能に過ぎない。資生堂の元社長はこう言っていた。「組織は逆ピラミッドであるべきだ。組織図の一番上にお客様で、その次が販売を担当する社員たち、最も下の部分を社長が支えるという構図だ」。

現場こそすべての原点で、付加価値を生み出す唯一の場所だ。会社は誰のものか、との問いには社会のものであり、できれば現場で働く人たちのものだ、と言いたいとの思いもある。

本書のきっかけは、彩流社の出口綾子さんと知り合ったことにある。出口さんは出版と共に市民運動にたずさわり、人権、平和、ジャーナリズムの分野で活動している。横浜・寿町での支援にも関わっている。このような出口さんが、経済、それもややマニアックな企業法務と会計監査に興味を持ってくれたのは、私にとって幸運だった。出口さんと出会うきっかけとなったのが、東日本大震災だ。2014年秋から3年半、私は最大の被災地である宮城県石巻市で過ごした。出口さんは東日本大震災の被災地に心を寄せ、彩流社も震災関連で数多くの本を世に出し続けている。

2018年春に私は東京に戻り、再度、コーポレート・ガバナンスの取材を始めた。石巻にいたときも、東京出張を利用して会見やセミナーなどに参加して少しずつ取材を続けていた。この10年間の取材や朝日新聞の記事（デジタル版を含む）を整理し、最新の状況を付け加えてこの本をまとめた。日常の取材と出稿をやりながらの作業で、執筆は週末と夏休み、正月休みに頼らざるを得ず、結局、仕上げるのに2年近くかかった。肩書や団体名などは原則、取材した時点でのものを使った。

新聞記者を30年、そのうちの半分を東京、名古屋、大阪の3カ所で経済部に所属した。キャリアのわりには実力が身につかず、人に聞かせるような特ダネもない。恥ずかしい限りだが、それでも、本当のことを書きたい、と思って記者を続けてきた。

「原稿というのは、汗かいて恥かいてベソかいて書くんだ。分かったか」と、入社した頃に先輩に言われた言葉は、今も信条だ。大汗と冷や汗は人一倍かいた。ベソもかく。特に石巻にいたころ、いったい何度、帰りの車の中で泣いたことか。遺族と号泣したこともあった。現場に出て恥をかき、悔しさや悲しさを味わうことは、実は原稿を書く力そのものではないかと思う。この本が出て、また大きな恥をかくのでは、との不安で汗をかいている。取材に応じ、話をしてくれたみなさんに感謝したい。この本に価値があるとすれば、この本はみなさんのものだと思う。最後までお付き合いいただき、ありがとうございました。

２０２０年１月

加藤裕則

【著者】**加藤裕則**…かとう・ひろのり…

1965年、秋田県生まれ。岩手大人文社会科学部卒業。89年4月に朝日新聞社入社。静岡支局や浦和支局（現さいたま総局）などに赴任した後、99年、東京本社経済部員。その後、名古屋本社経済部員、青森総局次長、大阪本社経済部員。2011年4月から14年9月まで2度目の東京本社経済部員で、金融情報面（株式面）や社会保障取材班を担当した。経済記者としては、これまで通産省（現・経産省）、鉄鋼業界、トヨタ自動車（名古屋）、関西空港などを取材してきた。99年の通産省クラブ時代から、コーポレート・ガバナンスや会計監査について自主的に取材を重ねてきた。2014年9月から石巻支局員として東日本大震災からの復興の過程を取材。2018年4月から東京本社の経済部員として財界などを取材している。

主著：『監査役の覚悟』（同文舘出版、共著）など。

会社（かいしゃ）は誰（だれ）のものか——経済事件（けいざいじけん）から考（かんが）えるコーポレート・ガバナンス

二〇二〇年二月一二日　初版第一刷

著　者——加藤裕則

発行者——河野和憲

発行所——株式会社　彩流社

〒101-0051

東京都千代田区神田神保町3-10

大行ビル6階

電話：03-3234-5931

ファックス：03-3234-5932

E-mail：sairyusha@sairyusha.co.jp

印刷——明和印刷株式会社

製本——株式会社村上製本所

編集——出口綾子

装丁——仁川範子

ISBN978-4-7791-7106-2 C0334

http://www.sairyusha.co.jp

フィギュール彩

（既刊）

㊺テレビと原発報道の60年

七沢 潔◉著

定価（本体1900円＋税）

視聴者から圧倒的な支持を得て国際的にも高い評価を得たNHK『ネットワークでつくる放射能汚染地図』。国が隠そうとする情報をいかに発掘し、苦しめられている人々の声をいかに拾い、現実を伝えたか。報道現場の葛藤、メディアの役割と責任とは。

⑨発達障害の薬物療法を考える

嶋田 和子◉著

定価（本体1900円＋税）

ここ数年、急激に話題に上るようになった発達障害。「治る」のではないとわかっているのに、症状を抑えるためだけに、長期投薬が安易に日常的に行なわれている。この現状は、危ない！長年、当事者や家族の声を聞いてきた著者が、薬物療法の危険性に警鐘を鳴らす。

㊿習近平の政治思想形成

柴田 哲雄◉著

定価（本体1900円＋税）

独裁化を強めつつある中国の習近平国家主席は、中国をどこに導こうとしているのか。今後の習政権の重要な政策の理念に連なる習の思想の形成を追い、ていねいにひもとき予測する。父･習仲勲の思想との異同や毛沢東の影響も論考する。